paolo stringa

pour voyager en CORSE

SAGEP EDITRICE

Dessins de Maria Grazia Novaro

Photographies de l'auteur

Une partie du matériel présenté dans ce guide a été recueilli par l'Auteur au cours de recherches menées à Gênes et en Corse dans la cadre d'une étude générale dirigée par lui-même sur la présence gênoise en Méditerranée, utilisant des aides fournies par le Ministère Italien de l'Instruction Publique.

Guides d'art touristiques
n. 34 - 31 Maggio 1987
Directeur responsable: Eugenio De Andreis
Publication périodique enregistrée auprès du Tribunal
de Gênes le 27/5/1980 sous le n. 22/80

ISBN 88-7058-238-8

Traduction de Catherine Chambre

Introduction

Les vicissitudes millénaires de la communauté corse se reflètent dans de charmants décors ruraux, pastoraux et urbains, trop souvent ignorés, surtout dans leurs aspects ethniques et culturels, par une littérature «superficielle» attachée à des idées préconçues ou au goût continental vacancier et distrait pour lequel la Corse n'est rien de plus qu'une «belle île», malgré les Corses et leur histoire.
L'auteur de ce guide se propose donc de revaloriser le paysage humain, d'en faire le protagoniste des milieux proposés aux voyageurs, convaincu du fait que cet aspect pourra être source de grand intérêt, d'émotions en partie encore «authentiques» et surtout plus proches des vérités historiques insulaires.
Pour le touriste moins distrait, voyager en Corse peut donc signifier l'approche d'une communauté qui garde malgré tout inchangées ses caractéristiques linguistiques, ethniques et socio-économiques traditionnelles, qui ont d'une façon surprenante survécu à des siècles de domination, de colonisation et de négation des identités culturelles de ses origines.
En avançant en direction de l'intérieur, au-delà des récentes et désormais habituelles images stéréotypées des constructions touristiques côtières, on redécouvre la valeur perdue des choses simples dans les dimensions des architectures antiques, dans les odeurs et dans les sons des villages, dans les saveurs de la cuisine locale, dans les regards et dans les voix des gens, témoignages d'une réalité inexplorée dans laquelle on éprouve souvent le goût de la découverte.

Paolo Stringa

1) Géographie et climat

L'île, caractérisée par la forme d'un poing serré dont l'index est pointé en direction du Golfe de Gênes, se situe dans l'aire de démarcation entre la partie haute de la Mer Tyrrhénienne et la Mer Ligure et s'oriente dans une direction méridienne en alignement avec la Sardaigne qui ne se trouve qu'à 12 kilomètres, au-delà des Bouches de Bonifacio. Son territoire a 184 km de long, 84 km de large et se rapproche au maximum du continent au niveau des côtes de la Toscane dont il est visible de la zone orientale, ainsi que les îles principales de l'archipel: Capraia, Elbe, Pianosa et Monte-Cristo. Sa superficie est de 8722 km^2, 1047 km de côtes, son altitude moyenne est d'environ 570 mètres au-dessus du niveau de la mer. Sa structure orographique de grands contrastes culmine au sommet du Mont Cinto à 2710 mètres, point le plus élevé de sa longue chaîne montagneuse. Cette ligne de faîte, presque toujours au-dessus des 2000 mètres, la divise en diagonale en deux aires géo-politiques très diversifiées, même au point de vue historique, appelées, en référence à la péninsule italienne, «Bande du dedans» à l'Est et «Bande du dehors» à l'Ouest.

Les vallées occidentales, caractérisées par des sommets inaccessibles et des versants très abrupts qui se jettent à pic dans la mer, abritent en fait les communautés les plus fermées qui témoignent de la persistance des structures féodales. C'est celle qu'on appelle la «terre des seigneurs», dont les structures sociales sont en contraste avec celles, plus ouvertes, de la «Bande du dedans», nommée de ce fait «la terre commune». Dans ses variations, la géométrie côtière suit le même schéma de bipartition géographique. Tout le littoral oriental et une partie du littoral Nord présentent des structures linéaires et continues avec de grandes plages de sable, tandis que la côte occidentale et le Sud de l'île, sont nettement plus découpés, plus complexes, caracté-

1

1. Bastia, vue de la ville et de l'étang de Biguglia.

2. Bonifacio, les falaises qui surplombent la mer.

2

risés par une succession de montagnes plus ou moins escarpées, de promontoires, de golfes petits et grands, de petites plages souvent inaccessibles par voie de terre car entourées de parois rocheuses en surplomb.

De par son orientation en diagonale, la ligne de partage rapproche les grandes montagnes de la mer dans les régions Nord-occidentales et Sud-orientales, créant ainsi deux espaces plus accessibles au Nord-Est et au Sud-Ouest où se trouvent Ajaccio et Bastia. La meilleure possibilité d'exploitation du territoire de la côte tyrrhénienne est rendue encore plus évidente par la présence de la grande plaine alluviale récemment bonifiée qui s'étend des environs d'Aléria à Bastia. Corte, capitale morale de l'île, insiste au contraire sur le noeud orographique des deux plus grandes vallées orientales, celle du Golo et celle du Tavignano qui communiquent facilement entre elles par les dépressions naturelles de la Bouche d'Ominda (654 m) et du Col de Saint Quilico (559 m). Le Col de Vizzanova (1163 m) offre également à la région de Corte une ouverture à l'Ouest, en direction de la vallée du Gravone et du territoire d'Ajaccio. Ceci explique le rôle stratégique que les communautés insulaires lui ont toujours attribué au cours des nombreuses périodes historiques de lutte contre les envahisseurs venus de la mer. D'un point de vue géo-politique, la péninsule du Cap Corse apparaît comme une île dans l'île, reproduisant à échelle réduite les différences orographiques décrites auparavant entre zones occidentales et zones orientales, entre l'intérieur montagneux et le littoral.

D'un point de vue géologique, la présence du granit est dominante dans la majeure partie du paysage des hauteurs, occupant tout le territoire de la «Bande du dehors», à l'exception des extrémités des contreforts méridionaux calcaires dont on peut noter toute la beauté dans les

3. Cap Corse, escarpements et falaises de la côte occidentale près de la plage de Giottani.

3

remarquables stratifications du décor naturel de Bonifacio. Dans la région de Corte, au Cap Corse et d'une façon générale dans la «Bande du dedans», ce sont les schistes qui dominent, faisant place en proximité de la mer aux dépôts alluviaux et aux calcaires comme dans la plaine d'Aléria, ou aux zones calcaires comme celles qui composent en partie le Golfe de Saint Florent. Dans la formation du site, la structure géologique a sur le paysage naturel et sur le paysage humain une grande influence qui se traduit soit par la présence de manifestations rocheuses remarquables comme par exemple les Calanche de Piana, les aiguilles de Bavella ou les décors maritimes complexes de la réserve naturelle de Scandola, soit par les influences sur l'architecture dues à l'utilisation des matériaux en plaques périmétraux ou de couverture et sur le paysage agraire comme dans le cas de la monoculture du châtaignier sur les terres d'argile et de schiste de la Castagniccia. Le paysage des calcaires et des schistes, caractérisé par la présence de maisons paysannes dont les toits sont couverts d'écailles d'ardoise ou de «scandoles» de chêne et de châtaignier, se transforme en passant aux toits de tuiles rouges dans les zones «granitiques» de l'île, bien évidents grâce au rappel géologique suggéré par les puissantes structures des murs en blocs massifs et irréguliers de granit. Le relief complexe de l'île joue également un rôle déterminant quant à la formation de ses composantes climatiques en agissant, par exemple, sur les précipitations dont les valeurs sont généralement proportionnelles à l'altitude, avec un maximum supérieur à 1500 millimètres par an au centre de la ligne de partage et un minimum sur les côtes qui est parfois même inférieur à 500 millimètres par an comme dans le Golfe de Sagone, sur le territoire de Bonifacio et sur les côtes Nord-Ouest entre Calvi et Saint Florent. Une propor-

4. Porto, la baie et les rochers de Capo d'Orto.

4

tion analogue se retrouve dans les variations de température avec des écarts encore plus grands entre montagnes et côtes, dûs aux effets thermo-régulateurs de l'eau de mer. La température moyenne des régions maritimes est d'environ 15° pendant presque toute l'année et de 24° en Juillet-Août. Dans les régions internes, l'hiver est plus rigoureux, avec chutes de neige et gelées fréquentes. Les versants septentrionaux des montagnes les plus hautes sont encore couverts de neige en Mai et parfois même en Juin, ce qui donne encore plus d'emphase à ce décor naturel formé de grands contrastes qui est l'aspect le plus fascinant du paysage de l'île.

Les vents, caractérisés par des brises constantes providentielles en l'été, atteignent parfois une intensité considérable, comme le prouvent, surtout dans la région du Cap Corse et de Bonifacio, la présence de nombreux moulins à vent et le recours à des systèmes particuliers pour fixer les tuiles ou l'ardoise aux structures des toitures. Les directions dominantes sont celles des quadrants d'Ouest qui ont une durée moyenne de 121 jours par an. Le Libeccio, provenant de Gibraltar, est le vent le plus redouté. Il se libère de toute son humidité sur les sommets des montagnes pour descendre ensuite, sec et impétueux, sur les vallées orientales et sur la plaine maritime où il est souvent propagateur d'incendies. Trois vents d'Est, le Sirocco, la Grécale et le Levant sont responsables de la plupart des pluies de printemps et d'automne entre le Cap Corse, la Castagniccia et le Fium Orbo, responsables également des longues périodes de sécheresse d'été, comme dans la région de Bastia où le Sirocco souffle plus de 105 jours par an. Les régions les plus exposées aux vents sont celles qui subissent les pires tempêtes. La région du Cap Corse est exposée aux vents pendant une moyenne de 186 jours par an et celle de Bonifacio pendant plus de 210 jours par an.

5. Piana, les maisons du village dans le paysage accidenté des Calanche.

6. Le Lac de Nino.

5

6

7. Vallée de Porto, entre les villages d'Evisa et d'Ota.

8. Mélèzes de la forêt communale d'Albertacce.

7

8

2) Témoignages historiques

La singulière position stratégique de l'île dans la partie supérieure de la Mer Tyrrhénienne, ses caractères territoriaux et les structures des paysages régionaux sont les éléments qui ont conditionné l'histoire à toutes les époques. Convoitée par des puissances continentales pour des intérêts d'ordre maritime, militaire ou commercial, l'île elle-même semble divisée par son système orographique tourmenté et rude qui a créé un kaléidoscope de milieux très différents, aussi bien sur le plan géographique que sur le plan socio-économique. Malgré cela, l'unité ethnique de la Corse n'en apparaît pas moins claire et stable dans les nuances qui sont propres à chacune des régions et des époques, peut-être plus avantagée que gênée par les facteurs négatifs cités, faisant preuve ainsi d'un séculaire, obstiné et constant refus de soumission. Tous les signes physiques gravés sur le territoire témoignent de ces phénomènes d'autoconscience culturelle et de détermination existentielle commune, et ces témoignages sont plus clairs encore et plus convaincants que l'histoire traitant de personnages mythisés ou d'événements trop souvent mal interprétés.

La préhistoire

Les débuts de la préhistoire corse se situent aux alentours de la moitié du VII millénaire av. J.-C., comme semblent le confirmer les datations connues de nos jours de l'abri rocheux de Curacchiagu dans la Haute Roche datant de 6610 av.J.-C. et du squelette d'Araguina Sennola près de Bonifacio datant de 6570 av.J.C. Le néolithique, entre le VI millénaire et la fin du III témoigne de la présence d'une société désormais bien organisée qui se consacre à l'élevage et à la culture des terres fertiles dans les plaines fluviales. L'habitat qui n'était à l'origine qu'un simple abri naturel évolue vers des structures plus complexes; à la fin de cette période, on trouve déjà des cabanes en pierre et en bois. Les témoignages les plus intéressants, toutefois, en ce qui concerne la préhistoire, remontent à la civilisation mégalithique qui va du III au I millénaire,

9

10

caractérisée dans toute l'île par une grande diffusion de roches façonnées à la main qui sont principalement des menhirs et des dolmens. Au Nord de l'île, on trouve des menhirs dressés verticalement, isolés et placés en proximité des cols ou tout au long des chemins de la transhumance, comme dans le Haut Nebbio, tandis qu'au Sud, ces menhirs sont soit très rapprochés et mis en alignement, soit disséminés sur de petites terrasses comme à Palagiu et à Cauria. Quant au style, les différences de forme ont permis d'établir quelques-unes des étapes fondamentales, allant des stèles plus anciennes, n'ayant pas encore été travaillées, jusqu'aux plus récentes représentations anthropomorphes qui, vers la moitié du deuxième millénaire, semblent déjà transformer le menhir en statue. La tête, les épaules et les traits du visage ont un contour très net tandis que la hauteur des stèles tend à s'apparenter à celle de l'Homme.

A la station de Filitosa, le passage à l'âge des métaux et la soudaine apparition d'armes et de vexilles indiquent la présence d'un nouveau peuple, celui des Torréens, que la présence de constructions circulaires en pierre porte à comparer à la civilisation nouragique sarde. Les architectures, caractérisées par l'utilisation de tours qui composent le nom même de ce peuple, sont utilisées pendant tout le premier millénaire. Autour des principaux monuments (tours ou châteaux) se trouvent de gros villages de cabanes qui débouchent sur de vastes étendues territoriales comme dans le cas du château de Cucuruzzu.

9. Cauria, dolmen.
10. Filitosa, menhir.
11. Murato, église de Saint Michel.

Des colonies gréco-romaines à la domination byzantine

A la fin du dernier millénaire, les populations corses que des sources grecques estiment aux environs de 30.000 personnes se regroupent autour de quarante localités principales à tour ou à château et se dédient à une activité presque exclusivement sylvo-pastorale. Tolomeo distingue douze grandes tribus subdivisées au niveau territorial en autant d'unités régionales. Ces tribus s'opposent tout d'abord à la pénétration grecque puis à la pénétration romaine qui se limitent toutes deux aux sièges d'Aléria et de Mariana, le long de la côte orientale.
Aléria, fondée par des exilés grecs venus de Phocée en 565 av.J.-C., occupée ensuite par des Etrusques, des Syracusains et des Carthaginois, devient romaine après la première guerre punique, en 259 av.J.-C.
Mariana, située quelques kilomètres plus au Nord vers l'étang de Biguglia, est fondée en l'an 100 av.J.-C. par Marius qui y installe une colonie maritime qui constitue, avec Aléria dans le réseau méditerranéen, une base sur la Mer Tyrrhénienne des routes militaires et commerciales romaines.
A la chute de l'Empire, la Corse passe à Byzance et par conséquent, sous l'autorité du Saint Siège. La première organisation institutionnelle du territoire, qui s'inspire peut-être en partie des plus anciennes unités tribales, se réfère à l'institution des églises paroissiales et à la construction des originelles chapelles préromanes correspondantes. La juridiction territoriale de la paroisse correspond schématiquement aux limites orographiques de la vallée, soulignant ainsi les critères de séparation géographique qui caractérisent la formation des communautés corses. En 755, la donation de la Corse au Pape Stéphane II faite par Pépin le Bref, a officiellement mis un terme au pouvoir politique de Byzance.

Saint Siège, familles féodales et hégémonie pisane

Les incursions sarrasines qui, du VIII au X siècle rendent de moins en moins sûrs les littoraux, contribuent à renforcer les constructions en formant un réseau de villages qui correspondent en général soit aux nouvelles constructions paroissiales près des chapelles et des couvents, soit aux bâtisses plus anciennes héritées des groupes préromains, de tours et de châteaux. A cette époque, le Saint Siège demande de l'aide aux marquis de Toscane pour renforcer son pouvoir sur l'île, donnant ainsi naissance à une première vague féodale sur le territoire, ainsi qu'à des seigneuries ecclésiastiques dans les régions qui dépendent des abbayes tyrrhéniennes telles que les îles de Gorgone, de Monte-Cristo et à San Venerio dans l'île du Tino.
Le phénomène féodal s'élargit à d'autres familles de l'aristocratie d'origine continentale, toscane et ligure qui conduisent à la dissolution du pouvoir comtal en aidant, dès la deuxième moitié du XI siècle, à la formation d'une hégémonie pisane stable. En 1077, l'évèque de Pise Landolfo est nommé légat pontifical de la Corse par Grégoire VI. Il a pour mandat de réorganiser les diocèses de l'île en redonnant vitalité aux structures des églises paroissiales dejà existentes et en en créant de nouvelles, surtout à l'intérieur. La construction sur la côte des deux nouvelles cathédrales de Mariana et de Saint Florent et l'édification d'églises accompagnées de baptistères au Col de Tenda, à Corte et dans la paroisse de Rostino sont des épisodes très significatifs de ce programme.
Selon les chroniques locales de Giovanni della Grossa qui, après trois siècles, reconstruisent cette période, les initiatives pisanes ne se limitent pas seulement à l'érection d'églises romanes disséminées dans l'île, mais également à l'établissement d'importants échanges commerciaux avec la terre ferme, grâce à la culture de nouveaux terrains, en particulier en Casinca et en Balagne. Initiative pisane également la construction d'un

12. Saint Florent, cathédrale de Nebbio.
13. Canari, église de Sainte Marie.
14. Canari, inscription médiévale dans l'église de Sainte Marie.

12

13

14

nouveau réseau routier relié à une efficace navigation de cabotage tout au long du Cap Corse et des côtes du versant oriental. Cependant, cette image idyllique de l'hégémonie politique pisane qu'il nous donne est en contraste avec une réalité beaucoup plus complexe et controversée, dominée par la réorganisation des puissants fiefs locaux et par la consolidation progressive de l'influence gênoise qui culmine dans la réalisation des citadelles fortifiées de Bonifacio en 1195 et de Calvi en 1278. La défaite navale de Méloria que subit la République de Pise en 1287 résoud le conflit existant depuis plus de deux siècles en mettant définitivement fin à la domination pisane sur la Corse. Toutefois, jusqu'à la fin du XV siècle, les architectures religieuses subiront clairement l'influence du modèle toscan et ne seront que partiellement conditionnées par les canons du roman-lombard d'importation ligure ou gênoise.

15. Cap Corse, tour de Losse. Plan, Vue de face et section de la tour gênoise.

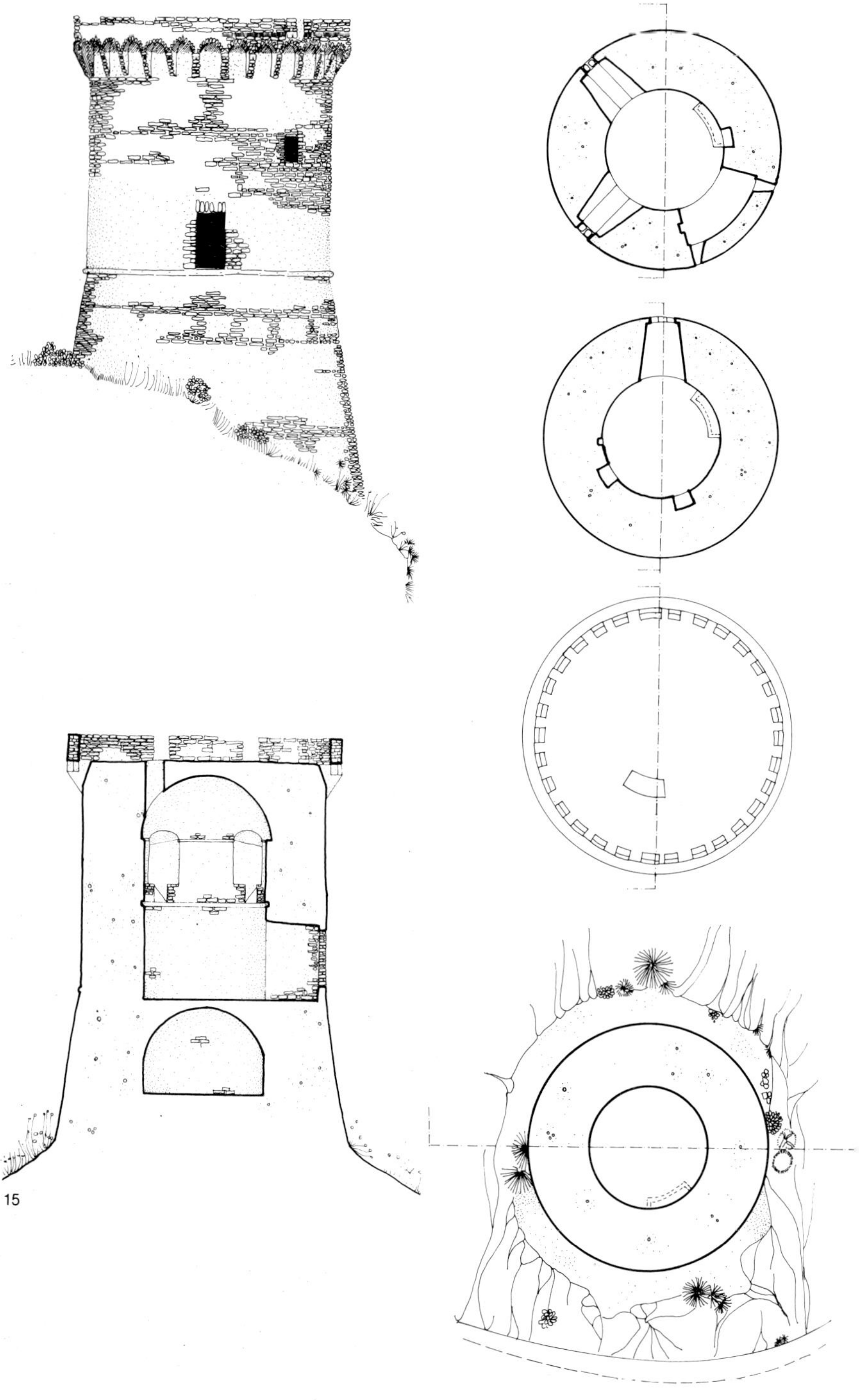

15

16. Porto, la tour carrée servant à protéger la zone d'abordage.

17. Bonifacio, la Porte de Gênes.

16

17

18. Aregno, la chapelle de la Trinité de Saint Antoine.

La Corse gênoise

Du XI au XIII siècle, parallèlement à la présence toscane liée aux matrices monastiques des îles de Gorgone et de Monte-Cristo, s'étendent aussi d'importantes propriétés des monastères bénédictins ligures et gênois dont la concentration plus massive en Balagne est due en particulier au patrimoine corse du monastère ligure de San Veneriano del Tino à San Nicolao, à Sant'Ambrogio di Spano à Lumio et à San Gavino de Belgodere. Toujours en Balagne, à Saint Jean de Calvi, dans le diocèse de Sagone se trouvent des propriétés de l'abbaye gênoise de Saint Barthélemy du Fossé. D'autres propriétés religieuses se trouvent au Cap Corse, à Mariana ou dans le Golfe d'Ajaccio comme par exemple les terres de l'abbaye de Saint Martin de la Gallinara, vers Albenga. C'est probablement à cette pénétration religieuse que l'on doit une bonne partie des paysages agraires de l'époque et des constructions situées dans la «Bande du dedans».

Au Cap Corse, du XI au XIII siècle, le développement des constructions est dû principalement aux initiatives de familles gênoises comme les Avogari, les Pevere, les Della Turca, les Antiocha et les De Mari, profondément liés à un milieu rural caractérisé par la pluriculture, vignobles, potagers, terres ensemencées et en jachère. Dès la seconde moitié du XIII siècle, la structure féodale de la Corse apparaît bien définie avec les Avogari installés au Sud de la péninsule, aux limites des territoires des Calvi et des De Mari, derniers venus, établis plus au Nord.

En même temps que ces intérêts d'ordre familial et rural s'accroissent les sphères d'influence des deux grandes citadelles militaires de Bonifacio et de Calvi, au point de représenter une précise stratégie d'expansion territoriale de la Commune de Gênes pendant tout le XIII siècle sur toute la côte occidentale qui les sépare. On se souvient en particulier des bases fortifiées du lotissement agraire de Cauria et de Saparadonica près de Bonifacio, et de celles de Castel Lombardo et d'Arsica respectivement situées dans le Golfe d'Ajaccio et de Sagone, de leurs rapports avec le proche réseau des propriétés monastiques et hospitalières d'origine ligure.

Au cours de la période du passage de pouvoir de Pise à Gênes émerge la figure de Sinucello della Rocca, connu comme le grand Juge de Cinarca, nommé comte de l'île par les Pisans, et vassal de la Commune ligure par contrat soussigné en 1258. Auteur d'une stratégie d'équilibre par alliances successives des deux républiques, Sinucello achève son aventure politique en 1299, date de sa déportation à Gênes et de sa mort dans la célèbre prison de la Malapaga.

Dès le XIV siècle, la crise des structures féodales, née dans la «Bande du dedans», envahit toute l'île et culmine en 1358 lors d'une grande révolte populaire soutenue par Gênes et guidée par les «chefs du peuple» Franceschino d'Evisa, Teodato da Costa et Sambuccio d'Alando. En cette même année, dans le chef-lieu ligure, en presence du Doge Simon Boccanegra, tous les «hommes de Corse» signent un acte de soumission à la Superbe, plus connu sous le nom de deditio.

Le siège du gouvernement gênois reste jusqu'en 1372 à Biguglia, déjà capitale pisane de la «Bande du dedans» du XII au XIV siècle. En cette année, les Corses incendient son château, obligeant le gouverneur Leonello Lomellini à choisir une localité fortifiée plus appropriée. La décision du changement de siège est prise lors de la fondation de la citadelle emmurée de Bastia qui surplombe l'anse naturelle protégée de la plus ancienne construction de Porto Cardo. Cette initiative est soutenue financièrement par la Mahonne de Corse, association privée de citoyens qui opère de 1378 à 1402 sur le modèle d'entreprises homonymes politico-commerciales d'outre-mer déjà expérimentées en Orient comme les mahonnes plus connues de Chypre et de Chio.

C'est de la moitié du XIV siècle à celle du XV que s'accomplit, conséquence des mouvements populaires cités, la division de l'île en deux grandes aires géopolitiques de la «Terre des Seigneurs» ou «Bande du dehors» où résistent encore de strictes formes féodales, et la «Terre commune» ou «Bande du dedans» domi-

18

19. Altiani, pont gênois.
20. Micalona, tour ronde.

19

née par les chefs du peuple, appelés également caporaux.
Tandis qu'à Gênes une fréquente série de luttes politiques affaiblit gravement le prestige de la ville sur la scène internationale, les seigneurs féodaux créent en Corse de nouvelles alliances, en particulier les Cirnaca avec la maison d'Aragon, sur la vague de l'impérialisme méditerranéen catalan reflorissant.
Les partisans de cette adhésion au parti des Aragon sont tout d'abord Arrigo della Rocca puis Vincentello d'Istria. Mais la présence espagnole ne dure que quelques années. De 1453 à 1562, la République confie la juridiction de l'île au Comptoir de Saint Georges, devenu protagoniste dans l'héritage historique des mahonnes, d'une bonne partie des intérêts économiques gênois sur la terre ferme et outre-mer. Les protecteurs du Comptoir veulent doter la Corse d'institutions plus solides, à commencer par la concession des capitula corsorum qui constituent les références de base d'un nouvel affermissement politique et social.
Véritable état dans l'état, le Comptoir exerce ses pouvoirs sur l'île par l'intermédiaire d'un gouverneur général assisté d'un Conseil des Douze Nobles, formé des personnages les plus connus de la vie politique locale, s'appuyant sur un nouveau regroupement des territoires des anciennes églises paroissiales, en une répartition provinciale par juridictions. Un programme de valorisation du territoire est mis en application dans le même temps, dont le but principal est l'exploitation agraire des régions littorales. Les concessions principales qui privilégient généralement la population gênoise sont concentrées surtout dans le secteur occidental, à Ostriconi, Galéria, Girolata, Sia, Liamone, Gravona et Figari, ce qui est source de nombreuses tensions entre les Gênois et les communautés locales, forcément privées de leur tradition séculaire de pâture dans les zones côtières incultes. L'institution de la concession est souvent liée à l'obligation de construire une tour de défense côtière faisant partie de l'ensemble stratégique militaire que le Bureau de la Saint Georges projette et réalise dans toute l'île. Du XV au XVI siècle, les initiatives du Comptoir comprennent la refortification des défenses de Calvi, de Bonifacio et de Bastia; la fondation de nouvelles villes ou de citadelles à Saint Florent, Ajaccio, Porto Vecchio, Algajola, Corte, Sartène et Aléria; la création de forteresses dans les zones isolées comme celle de la Zorlina près de Soccia; et enfin la distribution planifiée de tours côtières à Bravone, Campoloro, Paduella sur la côte orientale, Pietranera, Lavasina, Erbalunga, Ampoglia, Santa Severa, Macinaggio, Santa Maria, Centuri, Pino, au Cap Corse; Ostricone, Galéria, Girolata, Porto, îles sanguinaires, Capitello, Capo di Muro, Porto Pollo, Valinco, Rocapina sur la côte occidentale.
Durant toutes ces années, une grande partie du trafic maritime lié au commerce des produits entre l'île et le continent est assuré par les bateaux des habitants du Cap Corse et par ceux des communautés de Calvi et de Bonifacio. Le vin est le principal objet des échanges, suivi dès le XV siècle de l'huile de la Balagne, du corail pêché le long des côtes occidentales et du commerce du bois, très actif principalement dans les concessions agraires de Sia et de Figari où sont fabriqués les grands mâts en bois de mélèze.

20

21. Corte.

21

Le tableau géographique et socio-économique de l'époque est bien tracé dans le *Dialogue nommé Corse* de Monseigneur Agostino Giustiniani, évèque de Nebbio, vers Saint Florent, jusqu'en 1529 auteur aussi des *Annales très châtiées de la République de Gênes*. Son oeuvre est l'une des principales sources de connaissance des aspects humains de l'île, considérés pour la première fois en fonction de leurs étroits rapports avec le système climatique et orographique complexe de son territoire.
La moitié du XVI siècle est marquée par l'intensification des incursions barbares tout au long des côtes, par la propagation d'épidémies de peste et par la diffusion endémique de la malaria, de tous temps antagoniste meurtrière de tous les efforts de colonisation agraire des plaines côtières. Les signes de malaise social sont caractérisés surtout par l'abandon général des zones littorales les moins salubres et les moins protégées pour une migration vers les zones internes, vers la colline ou la montagne.
Dès 1553, Sampiero Corso catalyse sur sa personne toutes les réactions locales à la politique gênoise en soutenant, dans cette atmosphère de récession générale, une intervention armée française. Les rivalités internes, les antagonismes nobiliaires mais surtout le manque d'une cohésion solide à ses cotés rendent vaines toutes les tentatives en ce sens et favorisent au contraire les accords de politique internationale qui, par le traité de Cateau-Cambrésis en 1559, confirment définitivement l'appartenance de l'île à Gênes. En 1562, la Corse, sous l'influence de Gênes désormais depuis des siècles, passe à nouveau de la gestion du Comptoir à la gestion directe de la République pour y rester sans interruptions particulières jusqu'en 1730. Il s'agit d'une longue période de reconstruction et de développement dominée par la croissance des

communautés urbaines et paysannes. Un inventaire de la fin du XVII siècle établit qu'il existe désormais plus de quatre-vingts tours côtières placées soit sous la juridiction des communautés locales, soit du Collège Sérénissime ou encore du Magistrat de Corse.
La création de routes, favorisée par le développement des commerces et des échanges internes qui concerne tous les principaux axes de communication, est prouvée surtout par la construction de ponts et par la restructuration de ceux qui existaient déjà. L'exploitation forestière de l'intérieur provoque à son tour, même en montagne, le tracé de nouvelles voies de communication. Le développement du commerce maritime de cabotage avec le continent implique la réalisation de nouvelles infrastructures portuaires comme l'amplification à Bastia de l'ancien bassin de Porto Cardo. Le paysage urbain et rural est désormais dominé par la diffusion de l'architecture baroque dans les églises isolées, les couvents, les chapelles et surtout dans les nouvelles paroisses, petites et grandes, dont la recherche stylistique et la monumentalité ont pour but d'exprimer tout le prestige de la communauté qu'elles représentent.
Les oeuvres rurales et pastorales telles que terrassements, canaux d'irrigation, moulins, huttes, fontaines, fermes ... atteignent aux environs du XVIII siècle une diffusion maximale sur tout le territoire des collines et indiquent une croissance démographique significative, une meilleure et systématique exploitation des ressources agraires de l'île. Sur le plan démographique, l'augmentation de la population se traduit par une croissance du nombre des constructions, par la réalisation de nouveaux quartiers, de nouveaux édifices publics et religieux, et surtout par la corsisation progressive des grandes structures de défense côtières, à commencer par Bastia, capitale séculaire de l'île. Les clauses du statut qui réservent aux seuls Gênois les zones urbaines situées dans le périmètre des murailles, créant ainsi un obstacle aux mariages mixtes entre les deux communautés, sont en effet de moins en moins respectées. Les oppositions sociales apparaissent désormais généralement plus marquées entre «citadins» et «paysans», mettant en évidence de nouvelles distinctions entre communautés rurales et communautés urbaines, entre les villages de l'intérieur et les villes côtières dont les périphéries s'agrandissent continuellement. La population de Bastia, par exemple, s'accroît à cause aussi de l'abandon des villages voisins d'Astima, Belgodere, Vetrice, Corbaia, Suerta, à cause du dépeuplement de Cardo, Guaitella, Pietrabugno et à cause de l'arrivée de nombreux habitants du Cap Corse, attirés par l'essor des activités portuaires.
Le Palais public d'Ajaccio, la Loge de Bonifacio et le Palais du gouverneur de Bastia représentent les centres principaux du pouvoir urbain géré à la fois par des autonomies municipales et des interventions commissariales continentales conduites par des membres, tous gênois, du nouveau Magistrat de Corse, institué en 1562.
La «loge», la «place» et la «rue» principale sont désormais les éléments constants de la morphologie urbaine et des centres ruraux d'une certaine importance, caractéristiques des communautés qui tendent à s'organiser selon les modèles urbains plus connus des grandes structures de défense des côtes.
Le rapport existant entre structures locales et pouvoir central ressemble parfois aux habitudes gênoises comme c'est le cas de la cérémonie du Confoco, banquet offert la nuit de Noël à Bastia par le gouverneur de la Corse en présence des principales autorités citadines.

Pascal Paoli et l'indépendance

En 1730, mécontente de la suppression de la vente des ports d'armes, de la continuelle crise alimentaire et du poids des charges fiscales, une partie de la population corse se révolte contre Gênes et commence une longue guerre de libération nationale qui culmine en 1753 avec la constitution de l'état indépendant guidé par Pascal Paoli.
Corte devient capitale de l'île. Tandis que les forts côtiers sont encore occupés par les Gênois et les Français, appelés pour remédier aux faiblesses militaires de la Superbe, Paoli essaie de reconstruire le nouvel état sur des bases solides en le dotant d'une constitution qui s'inspire à la philosophie des Lumières. En s'inspirant tantôt aux traditions locales, tantôt au modèle gênois, il fonde de nouvelles institutions politiques, administratives, judiciaires et militaires avec un conseil d'état, des Magistrats de Province, une «roue» pour la justice, la «zecca» (monnaie) et la marine qui arbore le drapeau caractéristique à tête de maure. Une attention toute particulière est portée sur l'éducation grâce à l'institution à Corte, en 1765, de l'Université de Corse qui, ainsi

que le nouveau gouvernement national, siège au Palais du gouverneur gênois rebaptisé Palais National, datant du XVI siècle.
Les programmes de reprise économique prévoient l'encouragement à la reprise de quelques activités manuelles, le développement des cultures traditionnelles, la répartition des charges fiscales proportionnellement aux réelles capacités de contribution de la population. En 1768, avec le traité de Versailles, pour deux millions de francs versés à Gênes, la France de Choiseul se fait reconnaître une délégation de souveraineté sur la Corse, refermant sur le plan international la brêve parenthèse d'indépendance.
Le 9 Mai 1769, à l'occasion de la bataille de Ponte Novo, les troupes du roi de France réalisent la conquête définitive de l'île en mettant en déroute la résistance des patriotes corses et en contraignant Pascal Paoli à l'exil.

La Corse française

De 1769 à 1789, la Corse, exclue de l'aire culturelle traditionnelle italienne, résiste de plusieurs façons au procès d'intégration à la France.
Les structures socio-économiques et territoriales conservent les mêmes caractéristiques, démontrées par la croissance démographique constante en l'espace de vingt ans, avec des chiffres qui vont de 122.000 habitants dans les années soixante à 150.000 en 1796. Contrairement à tous les projets de rénovation économique plus ou moins ouvertement destinés à récupérer les fortes sommes investies lors de la «conquête», les structures productives de l'île ne subissent pas de gros changements. Les efforts de mise en valeur des plaines côtières et la colonisation agraire répètent en fait les mêmes erreurs déjà commises par les Gênois au cours des siècles passés.
Dans le secteur agraire, une législation condamne la pratique millénaire de la pâture libre et de la transhumance, favorise l'enceinte de la propriété et la répartition des biens communaux, avantageant en cela presque toujours exclusivement les oligarchies rurales locales par des opérations de cession de propriétés codifiées dans la rédaction du recensement systématique (*Plan terrier*) de son territoire.
La bourgeoisie urbaine s'intègre aux nouveaux riches, fidèles au roi et à ses nouveaux représentants directs, membres d'une élite citadine plus disposée aux professions libérales et à la carrière politique qu'aux activités économiques et d'entreprise. C'est à la catégorie de ces nouveaux bourgeois qu'appartient Charles Marie Bonaparte qui combattait aux cotés de Pascal Paoli contre les Français mais qui a maintenant obtenu la charge d'assesseur à la judicature royale d'Ajaccio. Ce nouvel alignement politique lui permettra, entre autre, d'inscrire son fils Napoléon, né en 1769, à l'école militaire de Brienne.
Encore «nobles seigneurs» et «pauvres villageois», donc, dans un contexte de crise économique et conjoncturelle qui, envahissant la Corse et toute l'Europe continentale, anticipe et favorise l'implication directe du nationalisme corse renaissant dans le vaste mouvement révolutionnaire qui agite la France. Le décret du 30 Novembre 1789 qui intègre l'île à l'empire français est en effet accueilli avec enthousiasme dans les villes et dans les campagnes. Même Paoli rentre après vingt ans d'exil en Angleterre, convaincu de pouvoir guider son peuple vers l'émancipation dans l'esprit de la «révolution libératrice». Il s'agit toutefois d'une illusion de brêve durée. Après une tentative désespérée de placer la Corse sous la protection anglaise, Paoli reprend définitivement le chemin de l'exil en 1795 et meurt à Londres en 1807, alors que l'île est encore solidement ancrée aux possessions françaises.
Le XIX siècle, au point de vue démographique, témoigne d'un développement de la construction dans les zones rurales qui, par rapport aux maigres ressources du territoire corse, est porté aux limites de la saturation totale. La population atteint en fait le maximum historique de 275.000 habitants à la fin du XIX, anticipant ainsi les causes structurales qui porteront aux mouvements démographiques massifs et incessés du XX siècle.
En matière de politique coloniale française, l'île est considérée comme un pays arriéré à civiliser, qui doit renoncer à ses propres valeurs ethniques, principalement dans le domaine linguistique, social et économique. Le nouveau système politique et administratif porte à la suppression des «podestats» locaux qui correspondent à l'institution démocratique séculaire des «Pères de la Commune», remplacés par un unique commissaire central qui abolit tout ce qui peut encore exister d'autonomie périphérique. L'Université de Corse est formée et l'on procède à l'insertion forcée de nouveaux cadres administratifs et de représentants écclésiastiques de provenance

22. Bastia, palais du gouverneur gênois.
23. Calvi, les murailles de la citadelle.

22

23

continentale. Une loi de 1818, abrogée en 1912 seulement, impose le monopole des produits français et les denrées corses à destination du Continent sont taxées comme toutes les autres importations de l'étranger. En 1811, les deux départements du Golo et du Liamone institués en 1796 sont abolis, à la création d'une unité politique et administrative départementale unique, placée sous la juridiction de la préfecture d'Ajaccio. Il faut attendre jusqu'à la deuxième moitié du XIX siècle pour assister à un réveil positif de l'activité dans le cadre des oeuvres publiques qui consiste en une amélioration esthétique des paysages urbains des villes de la côte; la construction d'écoles et d'hôpitaux; l'augmentation des capacités de rendement ou la réalisation de nouveaux ports comme celui de Bastia; l'assainissement des zones marécageuses, principalement dans la région de Calvi et dans la plaine du Nebbio; la conversion en voies carrossables d'une partie du réseau routier historique et enfin la réalisation des premiers tronçons ferroviaires. Le plus illustre de tous les personnages de l'époque est le Duc Charles André Pozzo di Borgo, opposant tenace de Napoléon à Ajaccio et ambassadeur de Russie à Paris puis à Londres.
Au début du XX siècle, le phénomène migratoire a déjà atteint des proportions vraiment impressionnantes, frappant surtout les terres de l'intérieur où les bénéfices de la modernisation que connaissent les côtes sont rares. Un véritable collapsus économique et démographique favorise une émigration en masse vers le continent, l'Amérique du Sud et le Centre Amérique. Ce phénomène de dépeuplement s'achève au cours de la première guerre mondiale, avec la mort sur les champs de bataille de plus de 35.000 Corses sur un total de 290.000 habitants. En 1930, en effet, il n'y a pas plus de 200.000 personnes sur l'île. La crise des structures publiques et économiques a pour répercussion le réveil des mouvements autonomistes et de revendication sociale avec la fondation du «Parti Corse d'Action», transformé en 1927 en «Parti Corse Autonomiste» sous la direction de Petru Rocca et des Muvristes, du journal «A Muvra». Suite à la crise économique de 1929, les tensions sociales semblent culminer de 1934 à 1936, mais les choses sont bien vite redimensionnées par le discrédit que le mouvement suscite dans l'île à cause de la connivence de quelques uns de ses chefs avec l'émergent irrédentisme italien de tendance fasciste. La fidélité à la France s'affirme lors d'une mobilisation générale à la suite du débarquement italien de 1942. La résistance et les mouvements partisans permettront même à la Corse, en Septembre 1943, d'être, d'un point de vue chronologique, le premier département français libéré par ses propres forces. Durant l'après guerre et jusqu'à la fin des années soixante, l'apparemment irrépressible déséquilibre de la société est prouvé par la persistance d'une chute démographique qui porte la population à un minimum historique de 160.000 habitants.
Le plan d'action régional de 1957, piloté par la fondation des deux sociétés SETCO (Société pour l'Equipement Touristique et Agricole de la Corse) et SOMIVAC (Société pour la Mise en Valeur de la Corse), grâce au successif «schéma d'aménagement de la Corse» de 1973 et à la «Charte de développement», favorise une relance économique consistante dans le domaine de l'agriculture et du tourisme, relance qui malheureusement, n'avantage que très peu la population de l'île. Les projets ruraux sont en fait partiellement modifiés pour répondre à la nécessité de réinsérer dans la communauté nationale les rapatriés d'Algérie qui en seront les principaux bénéficiaires. En 1970, 37% de la superficie destinée à la viticulture, principalement située dans les nouvelles zones cultivées de la plaine orientale appartiennent à 1,75% des viticulteurs qui sont étrangers dans 87% des cas.
En 1974, la Corse compte 214.000 habitants dont 50.000 continentaux et 46.000 étrangers, ce qui témoigne du fait que la croissance démographique est totalement indépendante des réalités de la population locale. Dans ce nouveau contexte se justifie le réveil des revendications autonomistes ou indépendantistes qui passent du sentiment traditionnel d'abandon, caractéristique de l'île «oubliée», à un sentiment de frustration envers ces nouvelles formes d'exploitation et de colonisation, évidents signes précurseurs d'une rapide disparition de l'identité ethnique de ses origines. La réouverture de l'Université de Corte, l'institution de la Région Autonome en 1982, le refleurir d'initiatives ayant pour but la connaissance et la valorisation des réalités de la culture corse, et peut-être même le phénomène touristique dans ses meilleures fonctions de rencontre et d'échange de sociétés différentes seront-ils les facteurs d'un futur meilleur pour la Corse et pour son peuple.

3) Culture régionale

L'unité ethnique du peuple corse ressort clairement des caractères de son patrimoine culturel qui révèle l'existence de valeurs sociales et de structures matérielles très singulières et profondément enracinées dans l'histoire de l'île, comme le démontre la résistance «éternelle» aux tentatives de domination et aux intentions plus ou moins explicites d'imposer une langue et des traditions étrangères.
Les motivations de l'incroyable survivance de la langue corse sont les mêmes que celles de la persistance de rapports sociaux, souvent étroitement liés aux structures matérielles de l'île. Ces réalités de caractère ethnologique semblent encore plus vraies lorsque l'on s'éloigne de la côte pour s'enfoncer dans les moyennes et dans les hautes vallées de l'intérieur, uniformément caractérisées par cette civilisation agro-pastorale millénaire qui représente l'aspect le plus authentique de la culture insulaire. Et ce n'est pas par hasard que les régulières initiatives en faveur de l'autonomie ou de l'indépendance naissent dans les communautés villageoises et rarement dans les villes côtières bien souvent corrompues par un mélange de valeurs ethniques «non corses».

La langue

Au point de vue linguistique, les parents les plus proches du Corse, encore bien vivant comme langage parlé, sont les parlers «rustiques» du toscan, ou mieux encore, le toscan «littéraire».
C'est son appartenance à l'aire dialectale péninsulaire comme langue d'origine «latine» qui a permis sa permanence séculaire aux cotés de la langue italienne jusqu'à la moitié du XIX siècle.
Pendant cinq siècles de présence sur l'île, les Gênois n'ont laissé que peu de traces de leur dialecte, une centaine de mots (*guzzu*: barque de pêche; *carrughjo*: ruelle étroite; *carrega*: chaise; *piola*: hache; *scagnu*: bureau; *spichjetti*: lunettes) car eux-mêmes utilisaient le toscan comme langue officielle. L'influence du Français, extrèmement lente jusqu'à la moitié du XIX siècle, provoque au contraire de nombreuses déformations avec l'enseignement obligatoire à l'école (*usina* pour usine, *greva* pour grêve, *mi so trumpato* pour je me suis trompé). C'est en 1974 que le Corse est officiellement reconnu comme «langue régionale», année où il a été comparé à d'autres langues minoritaires françaises telles que le Breton, l'Alsacien et le Flamand, reconnues dès 1951.
La langue qui a un fond lexical commun à toute l'île et peut par conséquent être comprise par tous les Corses, présente quelques légères différences selon les aires géographiques bien spécifiées dans l'*Atlas linguistique et ethnologique de la Corse*, publié aux éditions Bottiglioni en 1942.
Une étude toponymique permet quelquefois de relever des origines pré-latines liées à la désignation d'une particularité du relief comme (Calacuccia, Avapessa, Carbini et Alzi) ou liées au genre de culture agraire (Olmetu, Frassetu, Carpinetu, Salicetu).
La transcription actuelle des toponymes, abstraction faite de leurs origines, se réfère à la forme «toscane» généralement utilisée par les géomètres français qui travaillent au *Plan Terrier*. C'est pour cette raison que les noms qui apparaissent sur les cartes ne correspondent pas toujours à la prononciation locale comme dans le cas d'Ajaccio, de Corte, de Bonifacio, de Sartène et de Porto Vecchio qui correspondent en Corse à Aiacciu, Corti, Bonifaziu, Sarté, Porti Vecchju. Les cas de francisation ne manquent pas en toponymie comme Saint Florent pour San Fiorenzo (en Italien) et San Fiurenzo (en Corse) ou encore Ile Rousse pour Isola Rossa. Une liste des formes originaires corses et des communes de l'île a été récemment publiée dans le magazine «Kyrn» qui, ainsi que deux autres publications «U Muntese» et «Rigiru», se bat pour que les caractères historiques de l'identité nationale soient reconnus tout au moins au niveau linguistique et littéraire.
Le plus grand représentant de la littérature écrite corse est Santu Casanova, protagoniste de la première renaissance linguistique avec la fondation, en 1896, de la revue «la Tramuntana». Un rôle de premier ordre doit être accordé à Petru Rocca, originaire de Vico, imprimeur, éditeur, poète et écrivain qui fonde en 1920 la revue «A Muvra».
Les témoignages les plus passionnés de l'âme corse se trouvent toutefois dans les formes de littérature orale ou populaire, transmises de génération en génération comme les *Fole* (fables) et les *Stalbatoghji*, anecdotes amusantes dont une partie a été recueillie et publiée sous le nom de Minuto Grosso, un habitant caustique du village de Alisgiani qui vécut au XVIII siècle.
Tous les chants populaires diversement liés au monde pastoral et rural règlent les activités intemporelles de la vie communautaire ou des relations familiales comme cette touchante berceuse des montagnes de Cascioni.

24. Cargèse, l'église grecque.

... «Addurmentati per pena
Aligrezza di mammona,
Ch'aghju da addistri la cena
E da cosgia li piloni
Pà u to tintu babbareddu
E par li to fratiddoni

«Quand'è vo saresti grandi,
Vi faremo lu vistitu
La camisgia, lu bunneddu
E l'imbustu ben guarnitu
Di lu pannu sfinazzatu
Chi si tessi scarticciatu

«Vi daremu lu maritu
Addivatu a li stazzali,
un bellissimu partitu
E sarà lu caporali
Di li nostri muntagnoli,
Picuraghji è capraghjoli ...

... «Quand'arriveti à lu stazzu
Duv'aveti po da stanni
Surtarà la sucerone
Et vi tuccarà la mani
E vi sarà prisintatu
Un tineddu di caghjatu.»

La poésie et le chant présentent également quelques formes archaïques que l'on retrouve dans les traditions sardes comme dans le cas du *Vocero* monophonique ou de la *Paghjella* polyphonique. Contrairement au *vocero* rituel chanté par les femmes sur le corps du défunt, le *lamentu* est une complainte non rituelle de l'amant jaloux, de la femme abandonnée, du conscrit ou encore du «bandit» qui réunit dans le dernier cas complainte, justification et défit.
Jusqu'en 1934 résistait en Corse une île grecque, dérivée de la colonie installée par concession gênoise, à Paomia au XVII siècle et transférée ensuite à Cargèse en 1774. A Bonifacio, une quarantaine de familles parle encore l'ancien dialecte ligure importé au XIII siècle à la suite de la colonie gênoise et qui a évolué vers des formes particulières et plus lentes par rapport à la cadence des deux rivieras.

Art et Architecture

Alors que les témoignages relatifs à l'art et à la construction de la préhistoire se réfèrent à l'ensemble du territoire de l'île, dans le cadre des paysages humains, l'influence de la culture grecque et romaine semble moins forte et limitée aux bases maritimes d'Aléria et de Mariana (cf. itinéraires).
Les exemples les plus importants du patrimoine artistique et architectonique de la Corse remontent à une époque qui va du Moyen-Age à l'ère moderne. Ils peuvent être succinctement reliés à trois réalités historiques et territoriales: au style pisan de l'architecture religieuse, aux dimensions de la culture urbaine gênoise diffusée à partir des principales fortifications côtières et enfin à l'architecture mineure des communautés villageoises.
L'architecture religieuse romane d'inspiration pisane connaît son développement maximum du XI au XIII siècle et reste une constante stylistique de la construction des édifices religieux jusqu'à la fin du XVI siècle. Les basiliques, les églises paroissiales et les chapelles sont disséminées sur tout le territoire selon un plan «politique» précis qui tend à favoriser la diffusion du Christianisme en contradiction avec les rites païens survivants et à réorganiser toute la population autour des paroisses. La plupart de ces édifices sont perdus dans les campagnes, ce qui tend peut-être à témoigner du plus grand poids accordé à la stratification de la construction par la structure préhistorique précédente à «tours» et à «châteaux».
L'infrastructure rurale successive, guidée par les nouvelles règles routières et favorisée par le renforcement des fortifications côtières, contraste avec l'emplacement des plus anciennes paroisses.

24

25. Saint Florent, forteresse de la citadelle.
26. Altiani (Corte), Saint Jean, portail.
27. Balba, tour ronde et petit clocher rustique.

25

La basilique de Mariana, dans la plaine orientale, caractérisée par une voûte absidale qui rappelle les chapelles préromanes plus anciennes de Saint Agostino à Chera, de Saint Quilico à Olcani, de Sainte Marie à Valle di Rostino et de Nebbio près de Saint Florent, où la recherche de la décoration a été soulignée par des corniches doublées et superposées sur la façade, avec colonnes et chapiteaux composites, est un des édifices les plus représentatifs du XII siècle.
L'église de Saint Michel di Murato de la fin du XIII siècle est au contraire l'exemple le plus mûr de cette tradition stylistique qui présente, en plus de l'habituel schéma à nef rectangulaire, des caractères expressifs plus raffinés tels que le clocher à arcades, l'utilisation de la bichromie, les incisions, les hauts-reliefs représentant des animaux et enfin la présence de motifs géométriques et floraux. A l'origine, ces églises romanes sont le siège de nombreuses fonctions, non seulement religieuses, telles que, par exemple, l'administration de la justice, la collecte des impôts et, généralement la discussion publique de tous les problèmes qui concernent la communauté.

26

27

28. Calenzana, église de Saint Biagio.
29. Canari, détails du parement mural de l'église de Sainte Marie.
30. Bonifacio, escaliers portant aux habitations médiévales.

Sur le plan urbain, les plus beaux témoignages artistiques du Moyen-Age de l'île se trouvent dans les parties les plus antiques des fortifications gênoises de Bonifacio, de Calvi et de Bastia. Bonifacio en particulier propose, avec la Rue Doria appelée aujourd'hui Rue du Général de Gaulle, la Place de la Loggia et la Rue de l'Archivolte, une façon de faire la ville directement importée, du point de vue du style et du décor, du paysage urbain de la Gênes médiévale.
En matière d'architecture et d'urbanisme, les intérêts s'orientent, du XVI au XVII siècle, vers l'ensemble des fortifications et vers le renouvellement des voies de communication, laissant des témoignages encore peu étudiés mais de grand intérêt, sur les ponts et les routes de l'île, et surtout dans les citadelles et dans les fortifications d'Ajaccio, Algajola, Calvi, Saint Florent, Bastia, Porto Vecchio, Sartène et Bonifacio.
En architecture religieuse, on assiste à une exceptionnelle renaissance artistique dominée par un «baroque insulaire» qui, des formes de la période d'importation continentale, évolue jusqu'à atteindre sa propre singularité spécifique et séduisante. Parmi les constructions baroques les plus célèbres, il faut rappeler l'église de la Porte d'Ampugnani construite en 1720 par l'architecte milanais Domenico Baina, le clocher de l'église paroissiale de Calenzana, la façade de la cathédrale d'Ajaccio, les églises de Pino et d'Ortiporio, celle de Saint Jean Baptiste à Bastia. L'architecture des coupoles fournit également des exemples très intéressants au point de vue de la forme et de la structure comme dans le cas de l'église de Sainte Marie à Cervione, de Sainte Restituta à Calenzana, de Saint Jean Baptiste à Calvi. Les églises à trois nefs sont généralement plus nombreuses dans la «Bande de dedans» que dans celle du «Dehors», phénomène qu'il faut relier au développement de la géographie économique de l'île.
Tous les édifices religieux de cette époque abritent de remarquables témoignages de l'art baroque qui correspondent à un exceptionnel retour florissant de la liturgie et au rôle des confréries, anciennes et nouvelles. Statues, chapelles, chaires, autels, staffs raffinés, fresques de grande valeur qui, grâce à des perspectives aériennes, semblent agrandir l'exiguïté des espaces architecturaux; des orgues et des tableaux précieux s'accumulent dans les églises tandis que

29

30

28

31. Fautea, tour gênoise.

31

32. Girolata, la forteresse servant de protection à la baie homonyme.

33. Bastia, la cour intérieure du palais du gouverneur gênois.

34. Calvi, Sainte Marie Majeure.

32

33

34

des ameublements en bois, des argenteries raffinées, des chasubles brodées d'or et d'argent enrichissent les sacristies. Dans l'architecture mineure des communautés villageoises, on observe une sorte de parallélisme évolutif par rapport à cette croissance «artistique» de l'édifice religieux, dont les expressions les plus spécifiques et les plus exclusives sont dues à l'attachement général aux pofondes racines insulaires. Généralement, les caractères constructifs de l'habitat dépendent des matériaux locaux à disposition, avec de nettes différences entre les régions schisteuses dont les pierres sont travaillées en plaques et les régions granitiques où elles sont au contraire travaillées en blocs. Dans ce dernier cas, les couvertures sont alors réalisées au moyen de tuiles ou de «scandoles» de bois.

35. Bastia, façade et parvis de la chapelle de la Sainte Croix.

36. Cervione, habitation avec accès à rampe double.

35

36

Les modèles les plus anciens et les plus représentatifs sont ceux de la *maison caporalina* ou de la *torra*, maisons fortifiées massives qui appartenaient aux familles des notables locaux, descendants de la noblesse seigneuriale ou de l'ancienne structure du pouvoir féodal, diffuse surtout dans la «Bande du dehors», en Casinca et en Castagniccia.

Ces édifices de «prestige», généralement

37. Calvi, armoiries de la ville dans l'oratoire de Saint Antoine.

38. Calvi, oratoire de Saint Antoine.

39. Calvi, fonts baptismaux de l'église de Saint Jean Baptiste.

37

à plusieurs étages, passent des structures médiévales en pierres nues au goût baroque des grandes demeures des *casoni* construites du XVI au XVIII siècle par des maîtres italiens.
Du XIX au XX siècle, en Balagne et vers le Cap Corse, la demeure patronale prend le nom de *palazu* et appartient aux nouveaux riches dont la condition sociale s'est élevée bien souvent grâce à l'émigration vers les Amériques ou grâce à des rentes récentes provenant du commerce ou de l'exploitation foncière.
Dans la maison paysanne, au contraire, l'évolution est plus lente car liée à un modèle existentiel «éternel» qui synthétise les caractères spécifiques de la famille rurale corse. Peu élevée (un ou deux étages au maximum), elle se compose d'une grande pièce commune, la *sala*, au centre de laquelle se trouve le *fucone*, foyer domestique symbole de l'unité familiale autour duquel se répartissent d'autres pièces, séparées entre elles par des cloisons en bois. En général, les célibataires dorment dans la *sala* tandis que les chambres sont réservées aux autres membres de la famille. Le *fucone*, fixé au sol ou mobile lorsqu'il est placé dans une caisse en bois et en matériaux réfractaires, est surmonté du *paghjolo*, grande marmite suspendue par une chaîne à une poutre du plafond. D'autres petites pièces ou de petites constructions complémentaires se regroupent autour de l'habitation, tels

39

que le *casgile* destiné à la préparation et à la conservation des fromages, le *forno* pour le pain, et le local destiné au broyage des olives et des châtaignes.
D'autres genres particuliers d'habitations se trouvent aussi dans les villages de pêcheurs de la région du Cap Corse. Ces maisons alignées sont caractérisées par des escaliers externes accouplés, comme dans le village habité de Tollari et dans le village abandonné d'Arena. Les habitations temporelles liées à la transhumance ou aux travaux des champs ne manquent pas, comme les grands parcs délimités par des murs en pierres, propriété de quelques familles, utilisées pendant la pâture d'été, les petites huttes individuelles des hautes montagnes, pre-

38

40. Cap Corse, moulin.
41. Porto Vecchio, portail à blocs.

sque toujours construites sur des terres communales, les petites fermes et les caractéristiques *baracconi* en pierre, en forme de trullis des campagnes de Bonifacio.

Traditions locales

Dans le fonctionnement des communautés villageoises, on retrouve les caractères les plus traditionnels de la population corse, en grande partie encore bien conservés aujourd'hui, malgré le manque d'intérêt officiel dont font preuve à la fois l'administration locale et les spécialistes continentaux.
Le village, situé généralement à une altitude de 200 à 600 mètres, ne dépasse presque jamais la dimension démographique de quelques centaines d'habitants, regroupés en petits noyaux compacts, sur des terrains utilisés pour les cultures agricoles privilégiées, séparés entre eux selon un schéma qui a les apparences d'un programme de distribution territoriale. Les cultures les plus productives, potagers et terres à ensemencer, se trouvent autour des habitations. Plus haut, à une distance intermédiaire, les bois de châtaigniers et les olivaies, et plus haut encore, les lointains pâturages, les prés et les cultures extensives.
Le réseau horizontal de communication qui relie les différents villages par des corniches a la forme d'un peigne duquel se détachent de nombreux chemins muletiers qui rejoignent en verticale les zones de culture.
La propriété communale joue un rôle fondamental dans l'organisation de la société villageoise. Selon le *Plan terrier*, elle atteint à la fin du XVIII siècle presque le tiers de la superficie totale de l'île. Aujourd'hui encore, les terrains commu-

41

naux couvrent dans certains cas 50 à 75% de la superficie de la commune, dans de nombreuses localités du Cap Corse, de la Castagniccia, de la Balagne, de la Cinarca, du bas de la région de Sartène et des alentours de Bonifacio.
Le regroupement de plusieurs villages constitue la plus petite unité administrative de la commune qui, bien souvent, étend sa juridiction à des vallées entières, de la côte aux montagnes. Dans tous les villages se retrouvent des éléments constants tels que la fontaine, lieu de rencontre des femmes, et la place ou le café, lieux de rencontre des hommes.
La famille représente dans tous les cas la cellule de base de cette communauté, comme le démontre également le développement matériel de l'habitation qui s'agrandit à chaque génération, toujours en proximité de la construction la plus ancienne, résidence du noyau fondateur. Les étroits liens de parenté composent

40

42. Rogliano, bois et olivaies autour des anciennes maisons paysannes.

43. Feliceto (Balagne), moulin du bistrot Ambrosini.

44. Bonifacio, abri temporaire avec couverture en trullo.

42

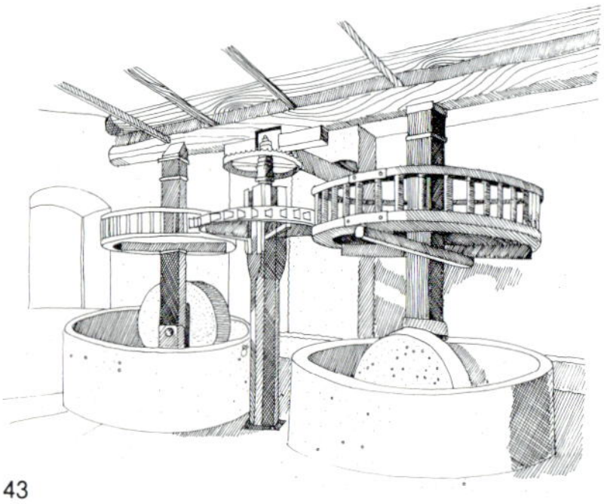

43

ainsi un tableau de socialité «urbaine» qui renforce tous les rapports de voisinage par un comportement qui est, pour cette raison, encore plus fermé à l'égard de tout ce qui est extérieur au village, considéré comme «étranger». Famille et parenté, en tant que base constante de la société villageoise, suivent les règles générales des civilisations méditerranéennes qui ont tendance à privilégier les successions masculines, «sept garçons pour une fille», à changer de résidence pour aller habiter chez le mari en cas de mariage et à confier l'autorité de la famille au père, *u patrone*.

Maison et cellule familiale s'identifient dans l'image domestique du foyer, le *fucone*, autour duquel les vieux s'asseyaient à la place d'honneur, aujourd'hui encore motif d'orgueil des familles: selon un proverbe corse *(corcia a banca induu'un posa una barba bianca)* pitoyable est la maison dans laquelle ne sied pas même une barbe blanche.

Amitié et alliance, souvent scellées par un mariage de «village», s'opposent aux sentiments de *nimicizia* entre les différents groupes, qui signifient guerre et «vengeance». L'indifférence n'a pas sa place dans les structures les plus conservatrices, souvent uniformément caractérisées par un sens tout particulier de l'hospitalité qui, contrairement à l'amitié, se limite aux structures matérielles de la

44

45. Biguglia, maisons paysannes.
46. Poggio, pressoir.

45

46

maison et n'implique que très rarement les relations familiales.
Les caractéristiques des habitudes sociales se reflètent dans l'habillement et dans le costume traditionnel corse qui était à l'origine riche, coloré et très varié dans les détails. A partir du XIX siècle, la coutume française d'attribuer respectabilité et élégance aux costumes de soie noire et la diffusion continentale simultanée des premiers produits textiles industriels à bon marché modifient sensiblement l'aspect des anciens costumes que reproduisent aujourd'hui des images déformées, abondamment exploitées par la production touristique superficielle.
A l'origine, malgré les nombreuses variations, le costume traditionnel masculin est caractérisé par un manteau en peau de mouton et un béret pointu en velours dont il faut souligner l'extraordinaire ressemblance avec les vêtements des pasteurs guanches des îles Canaries.
Les autres pièces du costume sont en

47. Marina di Tollari, maisons de pêcheurs dans le village abandonné d'Arena.

47

laine tissée de production locale *(pannu frisu)*. Le même tissu est utilisé pour le costume féminin, auquel on associe le lin, le chanvre et la soie. Ce sont les couleurs et les ornements de la chemise de lin qui indiquent l'aire d'appartenance. On reconnaît aussi les traits communs de l'unité ethnique insulaire dans les activités rurales et dans la pratique pastorale. Le paysan corse considère toujours sa terre comme un être vivant et la distingue en *lochi mansi*, terrains domestiques qu'il cultive en permanence à proximité du village, et en *terre vecchie*, plus lointaines, qu'il cultive selon des cycles périodiques très longs, parfois 10 ou 12 ans, après les avoir rapidement défrichées en les incendiant *(debbiu)*.

Au cours de ces longs intervalles d'inactivité, les *terre vecchie* sont parcourues par les troupeaux pendant la transhumance. La culture du blé et de la vigne s'inspire souvent des techniques agraires de la péninsule tandis qu'en ce qui concerne le châtaignier, il est tout à fait juste de parler d'une véritable civilisation insulaire, étant donné qu'il s'agit d'une des principales sources de subsistance d'une grande partie des communautés corses au moins jusqu'à la fin de la deuxième moitié du XIX siècle. En 1880, la production des châtaigneraies disséminées sur 33.000 hectares était estimée à environ 300.000 quintaux.

Tandis que la culture du blé et du châtaignier se limite presque toujours à satisfaire les exigences locales, il existe pour l'olivier, dans les régions de Sartène, de la Balagne, de Bonifacio et du Nebbio, une tradition de large commercialisation à l'intérieur et à l'extérieur. En 1840, les exportations d'huile de la Balagne atteignent les deux tiers de sa production totale et représentent la principale source de revenu de sa population. Parallèlement à la «civilisation du châtaignier et de l'olivier» ou plus exactement partie intégrante de celle-ci se placent les techniques locales d'élevage et l'organisation du monde pastoral qui se manifeste comme une pratique répandue dans toute l'île. la production du fromage de brebis, du fromage de chêvre et en particulier du *brocciu* exclut en général la fabrication du beurre inutilisé dans la cuisine corse qui lui préfère l'huile d'olive et le saindoux. A partir de 1899, l'économie pastorale est en relation avec les industries qui produisent le Roquefort et qui absorbent actuellement 90% de la production de lait de brebis, avec une exportation sur le continent d'environ 1300 tonnes de formes de fromage.

4) Organisation du tourisme

Dans ce chapitre ont été recueillies les principales informations nécessaires à l'organisation de la visite en Corse, qui offrent au voyageur un kaléidoscope de possibilités.
C'est en général sur les paysages naturels que la publicité touristique joue ses atouts, en soulignant le binôme captivant de mers propres et de montagnes superbes. Et tandis que sur les côtes, l'affirmation de ces valeurs a eu pour conséquence une multiplication bien trop massive des structures d'accueil, dans les montagnes et à l'intérieur de l'île, l'organisation touristique fait ses premiers pas, gênée peut-être par un marché qui ne lui offre qu'une faible demande. Au bord de la mer se concentre en effet presque 90% de la réceptivité hôtelière pour une présence touristique de plus de 80%.
En dehors des schémas habituels du tourisme balnéaire, il est possible de proposer au voyageur plus attentif un binôme de visite très différent qui lui permettra de porter son attention sur les paysages humains et plus disponibles des régions de l'intérieur où il jouira certainement davantage de ce paysage de synthèse, entre montagne et mer, entre territoire et communauté, entre passé et futur qui représentent les réalités les plus fascinantes de l'île.

Comment on arrive en Corse

Tous les services maritimes pour la Corse comprennent également le transport autos en plus du transport passagers et sont assurés par:

CORSICA FERRIES avec liaison de Savone pour Bastia et Calvi; de La Spezia pour Bastia; de Livourne pour Bastia; en hiver, seul le service de Livourne pour Bastia est assuré. (Bureaux: Gênes, tel. 593301; Livourne, tel. 34273; La Spezia, tel. 21282; Savone, tel. 22492; Olbia, tel. 25200; Bastia, tel. 311809; Calvi, tel. 651084).

NAVARMA avec liaison de Livourne pour Bastia et de Piombino pour Bastia (Bureaux: Portoferraio, tel. 916743; Naples, tel. 320808; Bastia, tel. 310745).

TIRRENIA avec départ de Santa Teresa Gallura pour Bonifacio (Bureaux: Bonifacio, tel. 730128).

S.N.C.M. (Société Nationale Maritime Corse-Méditerranée), avec départs de Marseille, de Toulon et de Nice pour tous les principaux ports de l'île.

Depuis 1984 fonctionne un service d'été expérimental de liaison par avion de l'aéroport de Pise à celui de Bastia. Les compagnies Air France et Air Inter assurent un service aérien régulier entre la Corse et la France tandis que l'Air Alpes n'assure qu'un service saisonnier.

Transports internes

La voie ferrée corse, CFTA, a été construite au XIX siècle selon la ligne directrice Bastia-Ajaccio par le Col de Vizzanova et la ligne directrice Bastia-Calvi qui se sépare de la précédente au noeud de Ponte Leccia. Arrivée au seuil de la fermeture pour raisons économiques au cours des dernières années, la voie ferrée connaît en ce moment une période de renouveau grâce à la valeur touristique de son parcours. Le trajet Ajaccio-Bastia dure environ 3 heures.
Trois compagnies aériennes, la RALLISTAIR, la CORSE AEREO-SERVICE et l'AIR SERVICE MEDITERRANÉE, assurent en été un service régional entre Bastia, Ajaccio, Figari, Propriano et Calvi.
Plusieurs lignes régionales complètent les liaisons entre les principales villes de la côte et de l'intérieur. La fréquence satisfaisante des moyens de transport sur les plus grandes routes est limitée, en ce qui concerne les villages de l'intérieur, au matin et au soir (s'adresser aux Syndicats d'Initiative locaux pour de plus amples renseignements).
Le service de voiture publique avec chauffeur est disponible dans les communes les plus importantes de l'île, aussi bien sur les côtes que dans l'arrière-pays.
La location de voiture sans chauffeur est généralement possible dans les ports d'embarquement ou dans les plus grosses villes comme Bonifacio, Bastia, Ajaccio, Propriano, Saint Florent, Calvi, l'Ile Rousse et Porto Vecchio. On peut louer caravanes et campers à Sole Oro, sur le bord de mer de Solaro, à l'Ile Rousse, près de l'aéroport de Campo dell'Oro à Ajaccio et à Saint Florent.
Pour pouvoir utiliser sa propre voiture, il suffit d'avoir le permis de conduire italien et la carte verte. Pour une évaluation de la durée des parcours, il est conseillé de se baser sur une vitesse moyenne de 20 à 30 km/heure, à cause de l'état très tourmenté et très tortueux des routes de l'île.
Il est possible de louer bicyclettes et vélomoteurs à Ajaccio, à Calvi, à Bastia et à Propriano. La Fédération Française de Cyclotourisme qui siège à Paris, tel. 5804464, fournit des renseignements très utiles quant au choix des itinéraires, même en Corse. L'Association Régionale de Tourisme Equestre de la Corse,

48. Vizzavona, partie orientale du tunnel ferroviaire du col.

48

l'ARTEC, dont le siège se trouve à Pinetu Lucciana di Borgo, tel. 360327, peut également fournir des renseignements utiles à ceux qui ont l'intention de découvrir la Corse à cheval. la durée des parcours organisés, de trois à dix jours, comprend une alternance de haltes et de bivouacs dans des fermes ou des petits hôtels de l'intérieur.

Ports, abords touristiques et tourisme nautique

Le tourisme nautique et la navigation de plaisance se sont développés de façon considérable au cours des dernières années, comme en témoignent toutes les infrastructures qui en dépendent. Des principaux ports touristiques actuels, il faut noter ceux d'Ajaccio, de Bastia, de Bonifacio, de Calvi, de Campoloro, de Centuri-Port, de l'Ile Rousse, de Marinaggio, de Porto Vecchio, de Propriano, de Saint Florent, de Saint Ambrogio et de Solenzara.
Dans toutes ces localités, il est possible de louer des bateaux à habitacle, à moteur ou à voile et des zodiacs. Des informations plus détaillées sur le camping nautique en zodiac peuvent être obtenues en s'adressant au Comité Régional du Tourisme d'Ajaccio, tel. 215531. Il est conseillé au voyageur qui a l'intention de découvrir l'île par la mer de consulter le *Guide Nautique de la Corse*, publié par la Fédération Corse des Ports Touristiques dont le siège se trouve à Bastia, tel. 310115.
En partant des ports d'Ajaccio, de Bastia, de Bonifacio, de Calvi, de l'Ile Rousse, d'Algajola, de Saint Ambrogio, de Porto et de Propriano, il est possible de faire des excursions en mer grâce aux services réguliers de bateaux. Les parcours les plus suggestifs sont ceux qui ont pour but l'Ile d'Elbe, l'Ile de Lavezzi, l'Ile de Cavallo, Girolata, le Golfe de Porto, la Punta Scandola et le circuit des calanche de Piana.

Alpinisme, excursionnisme et sports d'hiver

Le Parc Régional de la Corse, créé le 2 janvier 1971, s'étend sur une superficie de 200.000 hectares, touche 70 communes et se situe sur l'épine dorsale montagneuse de l'île, caractérisée par la présence de sept massifs cristallins et de nombreux sommets dont l'altitude est supérieure à 2000 mètres. C'est un véritable paradis pour l'alpiniste qui peut affronter les difficultés les plus variées, allant des pentes les plus faciles à l'escalade des parois les plus inaccessibles. Parmi les randonnées classiques les plus simples, entre Calenzana et Asco, il faut signaler l'escalade du Monte Cinto (2707 m), record d'altitude corse, celle de la Paglia Orba (2527 m), du Col de Vergio, le Monte d'Oro (2393 m), vers Vizzanova, le Monte Rotondo (2625 m) vers Corte et le Monte Renoso (2357 m) vers Bastelica. De nombreuses pentes, considérées comme relativement faciles en été, deviennent au contraire plus complexes et un équipement d'alpinisme (corde, piolet et crampons) est nécessaire en début de saison et pendant toute la période d'enneigement des fronts septentrionaux et des hauteurs jusqu'au mois de juin et parfois même jusqu'au mois de juillet. Il existe des revues spécialisées, généralement en Allemand et en Français, comme celle de M. Fabrikant *Guide des montagnes Corses* qu'il est conseillé de consulter avant d'entreprendre un parcours, quel qu'il soit.
Des informations complémentaires sur le fonctionnement du Parc Régional, sur la localisation et sur l'état des refuges, et sur les caractéristiques des itinéraires alpins pourront être obtenues en s'adressant au: Parc Naturel de la Corse, tel. 215654, Ajaccio; Associu di i muntagnoli corsi, tel. 786125, Quenza; Montagnes Corses en Liberté, tel. 231742, Ajaccio.
Récemment, toutes les infrastructures de signalisation ont été complétées, indications relatives au parcours et aux possibilités d'hébergement du GR 20 (Grande Randonnée n. 20), sentier qui traverse dans le sens Nord-Sud en proximité des sommets tous les massifs compris dans la juridiction du Parc.
L'itinéraire, suivi chaque année par des

49. Bonifacio, maisons du bord de mer.

49

milliers de personnes (éviter Juillet et Août à cause de la foule) comprend quatorze étapes de six à huit heures de marche pour passer d'un refuge à l'autre et s'étend sur 240 km environ, avec un dénivelé de 9900 mètres en montée et autant en descente: départ à Calenzana près de Calvi et arrivée à Conca près de Porto Vecchio.
Le sentier principal est signalé par des taches rouges et blanches tandis que les déviations qui partent vers les vallées ou les alternatives d'alpinisme sont indiquées en jaune. Pour faire la traversée, il est conseillé de consulter le guide GR 20 que l'on peut se procurer dans les principales librairies de la Corse et de suivre sa carte qui est la plus ajournée, réduite à 1:50.000. A l'intérieur du parc, il existe un projet de signalisation des routes historiques très en pente qui vont de village en village, de vallée en vallée, qui permettra de décongestionner le GR 20 et d'offrir par la même occasion de nouveaux paysages et de nouveaux horizons humains fascinants. Les sports d'hiver se pratiquent dans deux localités dotées d'équipements de remontée dans la plaine de Stagno à Asco et au Col de Vergio. Des pistes de fond se trouvent à Bastelica, à Evisa et à Quenza.

Réception touristique

Au cours de dernières années, la réception touristique a connu un essor considérable, toutefois, elle suffit à peine à répondre aux exigences des visiteurs dont la croissance hyperbolique est au seuil des deux millions de personnes par an. La répartition sur le territoire n'est pas homogène, vue la nette préférence accordée aux côtes avec des concentrations maximales pour les hôtels du Golfe d'Ajaccio et en Balagne et pour les campings des côtes situées entre Bonifacio et Porto Vecchio.
Les Offices du Tourisme et les Syndicats d'Initiative fournissent gratuitement une excellente brochure indiquant les listes et les caractéristiques de tous les établissements.
La majeure partie des campings et des hôtels sont fermés hors-saison, il est donc conseillé avant de partir de s'assurer des disponibilités réelles.
Le camping sauvage est de plus en plus déconseillé quand il n'est pas interdit car il est souvent retenu responsable des très graves incendies qui, chaque année, dévastent des milliers d'hectares de bois, de forêt et de maquis méditerranéen.

Gastronomie

La charcuterie d'animaux élevés en liberté ou à la «brada» est le produit gastronomique traditionnel le plus important. Les spécialités les plus connues sont: les *figatelli* (saucisses et foie), le *lonzu* (filet de porc fumé), le *pulpone* (lard épicé), le *sanguinaccio*, boudin aux arômes, le *prisutto* (jambon) cru ou fumé, le *tianu* de fèves, plat traditionnel des montagnes à base de porc en sauce, de haricots secs et de fèves. Le *brocciu*, fromage obtenu par le mélange de lait de chèvre et de lait de brebis détient le record de consommation de la population locale. Frais ou salé pour en faciliter la conservation, il est l'ingrédient principal des plats les plus typiques de la gastronomie insulaire. Avec le *brocciu*, on prépare une omelette parfumée à la menthe mais aussi et surtout des *frittelle* (beignets) et des boudins à base d'une pâte obtenue en mélangeant le fromage à de l'eau, de la farine de châtaigne et du sel, que l'on peut ensuite cuire au four ou frire.
La châtaigne est un des ingrédients de base des fameuses galettes cuites à la plaque, les *pisticini*, qui remplacent le pain. La farine de châtaigne est utilisée également pour préparer les *falculelle* à Corte, les *fiadoni*, typiques tortellis à l'orange, les canestrellis à l'anis, aux noisettes et aux amandes, les *embrocciate*, beignets à la menthe. Pour les potages et les soupes, on utilise beaucoup de graisses animales, de légumes et d'herbes arômatiques du maquis telles que le thym, le romarin et le laurier.
La *pulenta* de maïs, préparée à l'italienne, est servie avec le *brocciu*, le chevreau, les *figatelli*, et l'agneau.
Le gibier et la viande sont souvent servis avec du pâté de merle, de la *piverunata* ou de la purée de châtaignes.
Le poisson frais appartient à la cuisine locale des régions du Cap Corse, de Bonifacio et du Golfe d'Ajaccio; l'un des plats les plus connus est l'*aziminu*, soupe de poissons, de fruits de mer et de langouste.
Des vins à remarquer pour la variété et la qualité de la production locale, rappelons: le Sciaccavellu, vin rouge des régions d'Ajaccio et de Sartène; le Niellucciu, très alcoolisé, provenant des vignobles de Patrimonio et de la Casinca; le Barbarossa, vin frais, peu alcoolisé, produit dans les alentours de Sartène; le Malvasia, appelé aussi Vermentinu, que l'on trouve dans presque toute l'île; le Muscatu, prince des vins blancs. La dénomination d'origine contrôlée concerne

50. Calvi, tour du sel près du fort homonyme.
51. Barcaggio, la zone d'abordage.

50

51

52. Lac de Capitello.
53. Le cirque de la solitude le long du GR 20.

52

53

la production de Patrimonio (rouges et rosés); celle de la région de Sartène, de Figari (Sciaccavellu, Niellucciu et Barbarossa); la région du Cap Corse et celle du Golfe d'Ajaccio.
Tous les Syndicats d'Initiative distribuent gratuitement un opuscule contenant des informations détaillées sur la production viticole et vinicole ainsi que les adresses des principales maisons de production.

Artisanat

La production artisanale, en tant que tradition historique, est liée à l'organisation des communautés villageoises et représente, tout au moins jusqu'à la fin du XIX siècle et au début du XX siècle, une des activités fondamentales des familles paysannes.
Pendant les longs hivers des montagnes

54. Refuge de Pietrapiana.
55. Refuge de Mangano.

54

55

et pendant les pauses qui interrompent les travaux des champs, on fabrique pratiquement tous les objets indispensables à la maison, à la famille et aux activités productives.
Dans quelques rares cas seulement, l'artisanat traditionnel est objet d'échanges, comme dans le Niolo ou en Castagniccia pour les ustensiles en bois, ou dans la région du Cap Corse pour la production des *pignule*, vaisselle renforcée au moyen de fibres d'amiante. La diffusion de ces produits était confiée à des vendeurs ambulants appelés *bancarotta* qui voyageaient dans toute l'île avec leurs marchandises.
En 1964, une coopérative, la «Corsicada», regroupe plus de 200 artisans qui commercialisent leurs produits sur le marché touristique par l'intermédiaire des «Case di l'artigiani» (maisons des artisans), réparties dans toute l'île, qui garantissent

56. Accès à un «casgile» pour la conservation des fromages près du refuge de Mangano.
57. Bastelica, balcon en bois.

56

la qualité et l'authenticité de la production et de la provenance. Parmi les objets les plus intéressants, il faut citer les ustensiles domestiques et les meubles rustiques en orme et en châtaignier; les objets en diorite orbiculaire et en riolite; les paniers et les corbeilles en paille; les châles, les écharpes et les couvertures très colorées, tissés à la main; les confitures, le miel du maquis, les vins DOC; les peaux d'agneaux, la vaisselle, le fer battu, etc.

Fêtes civiles et religieuses

Dans le calendrier des festivités corses, on peut relever cinq cycles temporels principaux. Le premier est lié à la période Carnaval-Carême qui marque la fin de l'hiver et l'arrivée du printemps, dont le folklore local a aujourd'hui malheureusement perdu les expressions caractéristiques comme l'élection du Roi du Carnaval, *U Re*, et de ses gardes appelés, dans la région de Venaco, les *Fericelli*.
Les folies du Carnaval tolléraient même les licences sentimentales, brisant la traditionnelle réserve du monde féminin et de la relation exclusive entre mari et femme, comme semble le confirmer ce passage de la chanson de A. Casanova: «Agghiu manghjatu ballatu et betu tutta la santa nuttata cu una vecchja innamurata u maritu in catarocchju mi guardava cu tant'occhj».

Des manifestations ayant servécu au cours des siècles, il faut signaler le Carnaval de Corte, le jour de Mardi Gras. La fête patronale d'Ajaccio du 18 mars et la procession de Saint Joseph du 19 mars à Bastia marquent le début de la semaine sainte.
Pendant le cycle de Pâque, le vendredi saint marque le summum des manifestations populaires, cérémonies et processions pénitentielles comme celle, très célèbre, de Sartène, appelée *Catenacciu*, celle d'Erbalunga, la *Cerca* ou encore celle de Castagniccia, l'*Arrinvinta*. Impor-

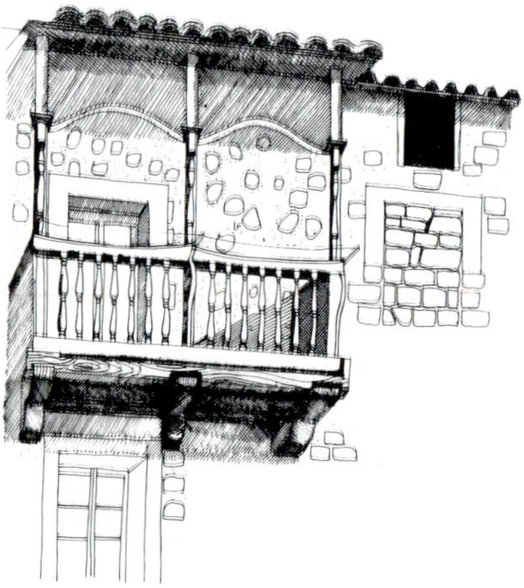

57

tantes également sont celles de Bonifacio, d'Ajaccio, de Calvi et de Corte. Bien souvent, à la procession pénitentielle principale s'ajoute une autre procession en spirale ou circulaire appelée, selon la région, *Granitula, Girandula, Trifuna*.
Au cours du troisième cycle, qui dure de Pâque à la Saint Jean, il faut signaler la foire populaire d'Ajaccio le 12 Mai; les célébrations de Saint Erasme du 2 Juin, patron des pêcheurs, toujours à Ajaccio et à Bonifacio; le 24 Juin, fête patronale de la Saint Jean à Bastia et à Ajaccio.
Les festivités de l'été et de l'automne (quatrième cycle), étaient autrefois caractérisées par un grand nombre de fêtes et de foires de villages qui ont fait place aujourd'hui à des manifestations culturelles ou même musicales, destinées principalement aux touristes.
A signaler le 15 Août, la fête patronale de Calvi et le 8 Septembre la foire qui a lieu à Casamaccioli à l'occasion de la fête de la Sainte du Niolo, alors que se déroulent en même temps dans toute l'île des pélerinages et des fêtes mariales.
Le dernier cycle, de Noël à la fin de l'année, a le caractère d'une fête exclusivement familiale qui culmine au cours du repas de Noël, fort semblable à celui de Pâque, à base de lasagnes, de chevreau et d'agneau.

5) Itinéraires de visite

Le plan proposé pour la visite de l'île présente trois itinéraires principaux qui, pour qui a un véhicule à disposition, peuvent être parcourus en huit ou neuf jours chacun. Un séjour en Corse, donc, devrait durer au moins vingt-cinq, trente jours, compte tenu des pauses destinées au repos total ou des excursions tout au long des sentiers en moyenne et en haute montagne. Les trois itinéraires peuvent être suivis l'un après l'autre, le premier partant de Bastia, longeant la côte orientale en direction de Bonifacio après le périple du Cap Corse; le second remontant à l'intérieur de l'île, partant de Bonifacio, passant par Sartène, le Col de Verde, Corte, Ponte Leccia et l'Ile Rousse; le troisième partant de l'Ile Rousse et longeant la côte occidentale jusqu'au Golfe d'Ajaccio.

Il est également possible de commencer le parcours proposé par chacun des trois ports principaux de liaison maritime avec le continent (Bastia, Bonifacio et Calvi-Ile Rousse), étant donné qu'ils coïncident avec le début ou la fin de chacun des trois grands itinéraires décrits.

Le premier itinéraire (Bastia-Bonifacio) permet d'apprécier la beauté des paysages du versant maritime oriental, de la péninsule du Cap Corse et du Nebbio. Des excursions sont prévues dans les régions de la Casinca, de la Castagniccia, dans les alentours des Ghisoni, territoires plus étroitement liés à l'âme paysanne séculaire de l'île.

Le second itinéraire qui traverse les vallées hautes et moyennes, tout d'abord sur le versant occidental (région de Sartène) puis sur le versant oriental (région de Corte), propose une image des moins connues de la Corse au niveau touristique. De Zicavo à Venaco, le parcours se trouve sur le promontoire du Parc Naturel Régional, offrant des paysages agropastoraux et des décors montagnards incontaminés et fascinants.

Le troisième et dernier itinéraire ramène à la mer de la Balagne et poursuit le long de la côte occidentale âpre et déchiquetée de Porto et de la région des deux Sevi pour s'achever ensuite dans la région d'Ajaccio, dans le golfe du même nom. Le paysage de cette partie de l'île présente souvent, en une synthèse superbe et unique, les deux décors, l'un maritime et l'autre de montagne, des deux parcours précédents. Ce dernier itinéraire est caractérisé par une succession de petites baies et de côtes vertigineuses en alternance avec des golfes plus amples comme en Balagne, à Sagone et à Ajaccio.

I Itinéraire - De Bastia à Bonifacio avec le périple du Cap Corse

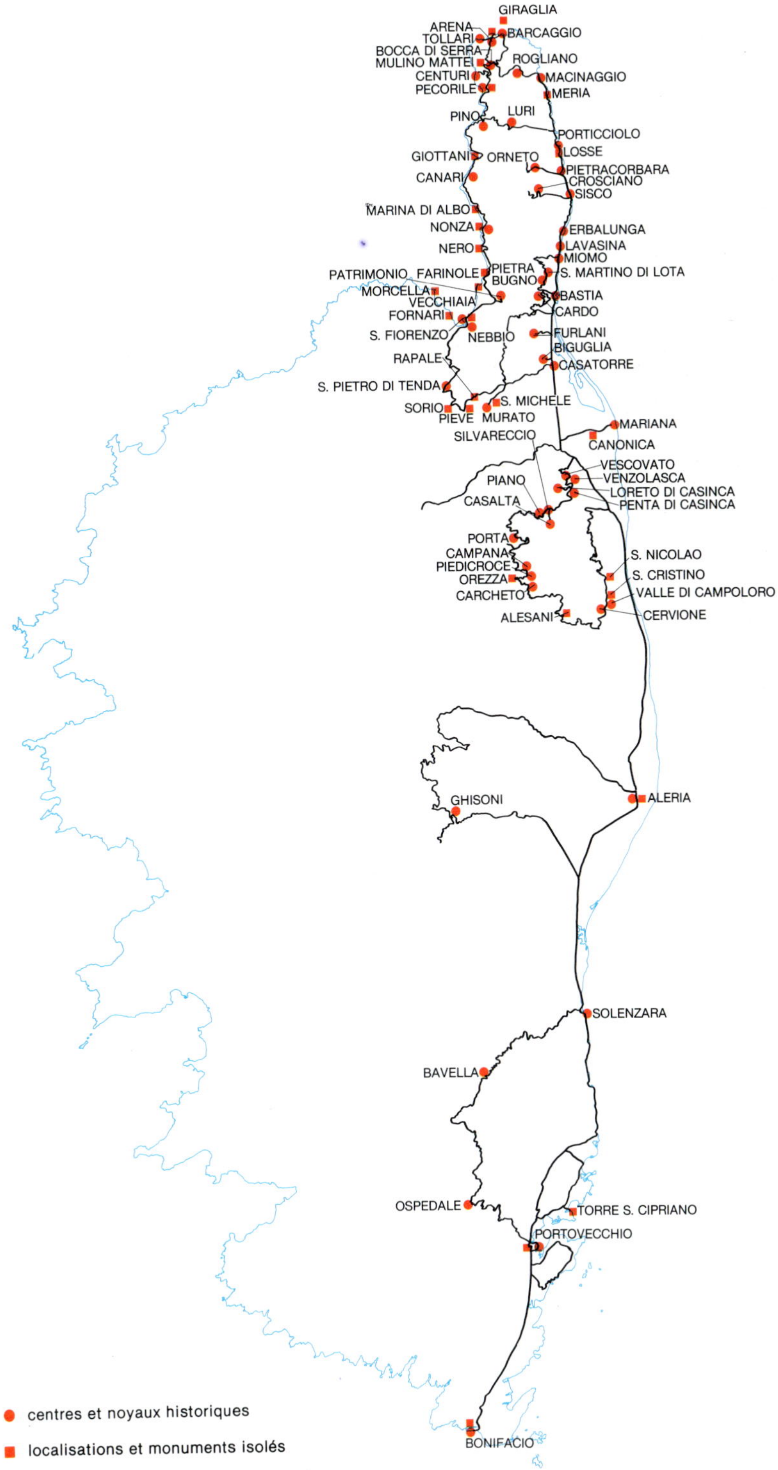

58. Bastia, Vieille terre.

59. Ficajola (Bastia), fontaine près de l'église de Saint Joseph.

58

I.1 - Bastia

Capitale historique de la Corse, Bastia, avec ses 52.000 habitants, en est encore aujourd'hui la ville la plus peuplée et le port commercial et touristique le plus important. Son premier noyau habité qui correspond à la zone de Porto Cardo, petite baie naturelle délimitée par une courte plage à l'Ouest et par des rochers à pic au Nord et au Sud, était peut-être déjà fréquenté à l'époque romaine, toutefois, il ne fut que peu habité jusqu'à la fin du XIII siècle.
En 1372, le gouverneur gênois Leonello Lomellini abandonne son château en Biguglia, incendié par les Corses en révolte, et se réfugie dans le fortin Sud qui domine le bassin du port. Il y fait construire une forteresse, premier édifice connu dans l'aire de la citadelle. Ainsi commence une sorte de binomie qui durera jusqu'à l'époque contemporaine, qui oppose les quartiers de la «Vieille Terre» du bord de mer, à la «Terre Neuve», ville ceinturée et planifiée par les gouvernements gênois qui se sont succédés dans l'île.
Dès 1453, le gouverneur de Bastia est mis à la tête de toute la Corse, transformant donc cette ville en capitale. Gênes lui accorde des privilèges particuliers et des exemptions en la dotant de statuts propres, sur le modèle de ceux, déjà connus, des fondations plus antiques de Bonifacio e di Calvi. En 1480, Tommaso di Campofregoso entoure toute la «Terre Neuve» de murailles et de bastions, favorisant le peuplement grâce à l'attribution gratuite de lots destinés à la construction, géométriquement délimités à l'intérieur de l'échiquier formé par les rues horizontale et par celles qui descendent vers la mer.
En 1570, Bastia devient également résidence de l'évèque de Mariana, ancienne ville romaine située à l'embouchure du Golo, siège épiscopal depuis le IV siècle.
L'exceptionnelle croissance démographique que connaît le ville du XVI au XVII siècle se reflète sur les édifices religieux du

59

60. Bastia, la citadelle.
61. Bastia, Terre neuve.

60

61

fort et du bord de mer. Du XVII au XVIII siècle, sur la colline environnante, toute une série de fortifications est achevée qui rappelle les solutions contemporaines analogues du paysage vallonné de Gênes. Du développement démographique témoigne également la construction de nouvelles églises et de couvents pour hommes et pour femmes, secondés dans leur activité sociale par les confréries regroupées selon les arts et les métiers autour des propres autels et des propres oratoires.
Le tissu urbain de Bastia, résultant d'un parcours linéaire plus ancien qui la traverse du Nord au Sud, met en relief quatre phases principales: la première correspond au schéma à maille orthogonale, planifié au XIV siècle dans l'enceinte de la citadelle gênoise (Terre Neuve); la seconde reprend les courtes rues horizontales, encadrées par de raides parcours verticaux, entre la Rue Letteron et le bassin du vieux port, avec des édifices plus anciens que l'on peut, comme ceux de la Rue des Jésuites, dater du XV et du XVI siècle. La troisième comprend les pâtés de maisons disposés selon un schéma à castramétation, situés à l'Est de la Place de l'Hôtel de Ville, qui anticipent les croissances urbaines du XIX et du XX siècle, le long du Boulevard Paoli et plus généralement tout au long de la Côte limitrophe vers le Cap Corse au Nord et en direction de l'Etang de Biguglia au Sud.
Parmi les édifices les plus dignes d'intérêt, il faut noter dans la citadelle:

— le *Palais du gouverneur Gênois*, agrandi au cours de différentes époques à partir du XIV siècle. Le noyau est constitué par un donjon circulaire correspondant à la partie plus ancienne des fortifications de la ville, qui abrite aujourd'hui le Musée Ethnologique Corse.

— L'*église de Sainte Marie*, déjà cathédrale des évèques de Mariana, reconstruite en 1604 sur l'emplacement d'un édifice précédent. A l'intérieur de cette église à trois nefs se trouvent des

62. Acqualto.

tableaux de valeur de l'école italienne du XVII et du XVIII siècle.

— La *chapelle de ia Sainte Croix*, située à coté de l'église de Sainte Marie, conserve, ainsi que de somptueux décors Louis XV, un crucifix en chêne retrouvé en mer en 1428 qui est, selon la tradition, objet de grande dévotion chez les pêcheurs de Bastia.

Dans la «Vieille Terre»:

— l'*église de Saint Jean Baptiste*, construite en 1640 et agrandie au XVIII siècle, présente une façade baroque et deux clochers latéraux. A l'intérieur: chaire, fonts baptismaux et autel majeur en marbres polychrômes et des tableaux de valeur de l'école italienne donnés par le Cardinal Fresch.

— La *chapelle de Saint Rocco* de 1608 avec d'intéressantes stalles en bois et des décorations du peintre florentin Filiberto.

— La *chapelle de l'Immaculée Conception* de 1611, restaurée en 1859.

I.2 - Cap Corse

Délimitée au Nord par l'îlot de la Giraglia et au Sud par le Col de Teghime, cette péninsule s'étend sur une longueur de 40 km et sur une largeur moyenne d'environ 10 km. Les deux versants maritimes présentent une structure orographique très différenciée: celle de l'Ouest apparaît plus raide, avec des côtes plus déchiquetées, des anses profondes souvent entourées de parois rocheuses surplombant la mer; a l'Est, au contraire, le profil des vallées est plus doux, la géographie côtière presque linéaire. Dans la construction du paysage agraire, c'est l'utilisation du terrassement qui prédomine, composant parfois des paysages qui ressemblent de façon surprenante aux images de la Ligurie. Le pouvoir de type féodal qu'exercèrent ici des familles d'origine gênoise comme les Gentile et les De Mari implique, au niveau de la répartition de la population, l'absence de grands centres habités, exception faite de Bastia, la capitale, et la dissémination de petits noyaux et de maisons isolées, réunies en unités ethniques et politiques homogènes qui correspondent aux bassins marécageux. Les cultures dominan-

62

63. Cardo.

63

64-65. Crosciano.
66. Pozzo di Brando, la maison Ferdinandi.

64

65

tes sont en général la vigne, l'olivier et le cèdre, autrefois objet de commerce grâce à l'existence d'une flotte de petit cabotage soutenue par l'imposant système de défense des tours côtières. La pêche eut aussi, cas presque unique pour la Corse, un poids considérable dans l'économie du Cap. Le déclin de la République et les nouvelles politiques douanières imposées à partir du XIX siècle marquèrent la dissolution progressive de cette extraordinaire communauté et l'abandon simultané des terrasses cultivées, des architectures domestiques et des bords de mer qui ne sont aujourd'hui qu'artificiellement repeuplés pendant l'été, sur la vague des récents intérêts touristiques. Pour suivre l'itinéraire du Cap, il est conseillé de commencer le parcours en partant de la corniche de Bastia qui offre, principalement de l'église de Sainte Lucie, d'amples panoramas de la ville, de la côte et de l'archipel toscan.

Tout au long du chemin se succèdent les villages de: **Cardo**, premier groupe de constructions qui a donné son nom au bassin le plus ancien de Bastia, les villages de **Ville di Pietrabugno** et de **San Martino di Lota**.
En se rapprochant de la mer, on traverse successivement les localités suivantes:

— **Miomo**, sa tour gênoise et le petit oratoire annexe.

— **Lavasina**, son sanctuaire, lieu de pélerinages populaires, abritant une intéressante collection d'ex-voto.

— **Erbalunga**, bourg assez développé qui perdit sa tour vers la fin du XV siècle, détruite au cours du démantèlement des châteaux de Nonza et de Biguglia. L'administration du Comptoir de Saint Georges la reconstruisit en 1512, réorganisant la défense côtière des principaux points stratégiques de la péninsule du Cap Corse. Cette tour, encore visible aujourd'hui, se trouve à l'extrémité du pays, sur les derniers rochers.

— **Brando** garde de considérables témoignages architecturaux d'un phénomène de construction relatif aux plus anciennes structures de défense gênoises de toute l'île. Parmi les architectures for-

66

67. Tour de Losse.
68-69. Porticciolo.

67

68

70. Tollari, Arena.
71. Orneto.

69

70

71

72. Rogliano.
73. Orneto.

72

73

74. Brando.
75. Erbalunga.
76. Miomo, église et tour gênoise.

tifiées les plus dignes d'intérêt, signalons les ruines du château féodal de Brando, situé dans la localité homonyme, du Castellaccio qui domine le bourg de Lavasina, et toute une série de tours construites du XVI au XVIII siècle qui se trouvent le long de la côte orientale. De Bastia, en direction du Cap, on peut voir aussi les structures des tours de l'Osse, de l'Aquila, située à la pointe d'un éperon rocheux qui domine le bord de mer de Pietracorbara, et enfin les tours de Sisco et de Sagro. Les traces les plus significatives de la construction au Moyen-Age coïncidant avec la présence féodale des Avogari sont

74

évidentes dans l'architecture des maisons qui conservent des exemples de grande valeur. Dans la vallée de Brando, signalons en particulier à Pozzo la Maison Ferdinandi qui présente d'intéressantes fenètres à plusieurs ouvertures à arcs monolithiques; dans la vallé de Sisco, la Maison Lorenzi, à Ficaia et la Maison Damiani à Bosseto; enfin, la Maison d'Assunta Damiani à Cortina di Pietracorbara.

— **Sisco.** En partant du bord de mer de

76

Sisco et en se dirigeant en direction de l'arrière-pays, on arrive dans une grande commune qui s'étend à toute la vallée, composée de 18 villages. Il est conseillé de visiter Balba, sa tour circulaire, l'église de Saint Martin, la chapelle préromane de Saint Michel. Les villages de Crosciano et de Vicaia sont à voir également. De retour sur la route qui longe la côte, le couvent de Sainte Catherine datant du XII siècle, agrandi et remanié au XV siècle.

— **Orneto**. On longe le littoral jusqu'à Pietracorbaia où l'on dérive vers l'intérieur pour arriver au village homonyme qui possède une tour carrée très massive, une église et un oratoire dotés d'un splendide clocher rustique.

— **Losse**. Tour circulaire isolée sur un littoral désert.

— **Porticciolo**. Singulier village de pêcheurs qui garde encore tout le charme d'un ancien centre lié à la navigation de cabotage et à la pêche.

— **Luri**. Du littoral de Luri, une déviation (RN 842) conduit vers l'intérieur et permet de rejoindre la côte occidentale de la péninsule. Près du col se trouve le château de Motti, sur un éperon rocheux qui domine toute la vallée de Luri, cité pour la

75

77. Tollari.
78. Centuri.

première fois dans un document de 1246 qui se réfère à sa vente à Ansaldo De Mari de la part de Sozzo Pevere. En 1548, le couvent de Saint Nicola di Luri est fondé dans l'aire du château sur une initiative de frère Mariano; la tour à base circulaire et la tour médiévale plus ancienne de Motti, récemment redécouverte, le dominent du haut d'un rocher, parties intégrantes d'un système stratégique de repérage et de signalisation qui reliait probablement toutes les propriétés des De Mari.

— Littoral de **Meria**. Tour circulaire récemment restaurée.

— **Macinaggio**. Situé dans la petite baie du même nom dans le secteur plus septentrional de la côte orientée à l'Est en direction de la péninsule du Cap Corse.

77

78

79. Pecorile.
80-81. Pruno.

79

80

81

82. Rogliano, oratoire et tour gênoise. A l'horizon, l'île de Capraia.

82

83. Giottani.
84. Canari.

83

84

85. Albo, tour circulaire protégeant le littoral.
86. Nero.

Le motif de sa fondation est dû à la présence, dans l'immédiat arrière-pays, du château fort de San Colombano à Rogliano, chef-lieu des fiefs de la famille De Mari. Sur la rive, en proximité de la zone d'abordage la mieux protégée, jusqu'à la fin du XVIII siècle se trouvaient des entrepôts, une tour et quelques maisons, tandis que le développement des constructions se concentrait sur les hauteurs de la vallée, autour du château féodal.
Son tissu semble entièrement tracé entre un axe routier rectiligne parallèle à la côte où maisons, entrepôts, remparts et autres constructions fortifiées ne forment qu'une seule structure compacte en deux corps parallèles, des deux cotés de la route. A l'extrémité méridionale, sur une petite péninsule, la tour ronde se trouvait en face des logements de la garnison militaire dont le rôle était de défendre le secteur d'abordage. Cette organisation rigoureusement géométrique des constructions est encore clairement intelligible, d'autant plus qu'elle est soulignée par le parallélisme des faîtes et des toits des maisons.

— **Rogliano**. Les vicissitudes complexes des De Mari sont témoignées sur ce territoire par un étroit réseau de constructions et de postes stratégiques qui sont dirigés par les trois châteaux médiévaux principaux de San Colombano, de Motti et de Canari. Selon la chronique de Giovanni della Grossa, le château de San Colombano de Rogliano a été construit par Ansaldo De Mari, souche des De Mari de Corse, au cours de la première moitié du XIII siècle, agrandi et en partie reconstruit en 1388, définitivement abandonné vers la moitié du XIV. En 1554, les artilleries des troupes gênoises l'attaquèrent à plusieurs reprises, représaille provoquée par la conduite anti-gênoise de Giacomo Santo. Ses murs ébréchés dominent encore aujourd'hui la colline de Rogliano d'où l'on peut voir aussi la tour carrée des De Mari, située à coté du bourg.

— **Barcaggio, Tollari, Arena**. Un détour vers la mer avant de passer sur la côte occidentale permet de visiter ces trois petits villages marins, caractérisés par une forme singulière de construction d'escaliers externes, reposant sur des voûtes en pierre, devant les entrepôts du rez-de-chaussée. Le panorama maritime permet de voir l'île de la Giraglia et la tour gênoise située en son point le plus haut.

— **Bocca di Serra**. Visite au moulin de Mattei avec large vue d'ensemble de la côte occidentale escarpée.

85

— **Centuri**. En tournant sur la droite, on arrive à ce petit village de pêcheurs composé de maisons aux couleurs vives, arsenal maritime du gouvernement de Paoli.

— **Pecorile**. Le village situé sur la R.N. 198 possède deux maisons fortifiées d'architecture massive en forme de tours carrées.

— **Pino**. Couvent franciscain du XV siècle, récemment restauré. L'église paroissiale baroque de l'Assunta abrite un triptyque en bois de grande valeur du XVI siècle. Dans le village, on note la présence de plusieurs tours de défense carrées avec des corbeaux et des mâchicoulis. Tour circulaire vers la mer, sur le littoral de Scalo.

— **Marina di Giottani**. Tour circulaire écimée du Castellaccio, petit oratoire et anciens entrepôts.

— **Canari**. Ce village est lié lui aussi à l'histoire féodale de la seigneurie des De Mari (cf. Rogliano). En 1554, son château

86

87. Centuri, le point d'abordage.

87

est détruit; Pier Battista, seigneur du bourg, délogé de sa résidence, n'est autorisé par Gênes qu'à la simple reconstruction d'une maison fortifiée en forme de tour.
A Canari Piazza se trouvent l'église de Sainte Marie du XII siècle, agrandie en 1461 et l'église de Saint François qui abrite de considérables oeuvres d'art.

— **Marina di Albo**. Tour circulaire écimée.

— **Nonza**. Le canton de Nonza, situé au milieu de la côte occidentale de la péninsule du Cap Corse, coïncide d'une façon schématique avec les limites du fief portant le même nom, fondé aux alentours du XIII siècle par la famille Avogari qui, dès le XV siècle, fait partie de l'Albergo dei Gentile. En 1458, Lanfranco Gentile est le chef de cette seigneurie à laquelle Gênes essaie par tous les moyens d'imposer son influence. En 1488, son château abrite une garnison gênoise; un an après, les protecteurs du Comptoir de Saint Georges ordonnent le démantèlement de toutes les fortifications de Nonza, ainsi que la destruction du château de Nero sur le littoral du même nom dont il ne reste aujourd'hui que la tour.
Le bourg de Nonza se trouve sur une ligne de faîte effilée qui culmine à l'Ouest sur un éperon rocheux naturel en forme de «selle» où se dresse la masse carrée de sa tour médiévale. Cette architecture apparaît en grande partie coordonnée aux deux tours rondes qui se situent sur les littoraux de Nero et d'Albo, aux embouchures des vallées agricoles de l'Ogliastra et de l'Olmeta. Les maisons du bourg sont alignées dans la même direction que la ligne de faîte qui relie l'église paroissiale au fort et tendent à occuper, avec leurs structures en gradins, le versant méridional, mieux exposé et moins abrupt.
Nombreux sont les aspects du paysage

urbain et rural de Nonza qui évoquent les images des villages des Cinque Terre. Cette ressemblance est aussi suggérée par la diffusion sur la colline environnante des terrasses destinées à la monoculture de la vigne.
La grande plage située au-dessous du village est née du déchargement des scories du travail séculaire de l'amiante.

— Les littoraux de **Nero** et de **Farinole**. Les tours rondes homonymes concluent l'itinéraire du Cap, dernières étapes avant de rejoindre la R.N. 199 qui conduit à la région du Nebbio.

I.3 - Nebbio

Il s'agit d'une petite région de l'extrême Nord-Ouest qui touche le Golfe de Saint Florent au point d'attache de la péninsule du Cap Corse au reste de l'île. Son nom dérive de l'ancien diocèse de Nebbio dont le siège est la cathédrale homonyme du XII siècle, parfaitement conservée, située à quelques kilomètres de la citadelle de Saint Florent. Elle se définit, d'un point de vue géologique, par des roches sédimentaires de la ligne de contact entre les deux zones principales cristallines et schisteuses de la Corse. Comme la Balagne, cette région présente une série de centres habités autour du golfe et de la citadelle. La bonification de sa petite plaine alluviale, oeuvre du Comptoir de Saint Georges à la fin du XV siècle, qui avait pour but de bloquer l'activité traditionnelle des salines qui compromettait son monopole, marque le début d'une phase de plantation systématique de vignobles et d'olivaies, jusqu'aux collines les plus hautes.
Aujourd'hui, le paysage agraire tend à la monoculture viticole et vinicole renommée grâce aux productions de Patrimonio.
La zone des Agriates, que la toponomastique contemporaine nomme injustement désert, vue l'absence de centre habités, est liée elle aussi à une histoire agraire séculaire, ayant été couverte dans le passé de vastes cultures de céréales.

— **Saint Florent**. La plus ancienne zone habitée de la plaine du Rio Aligiu, peut-être même déjà fréquentée à l'époque romaine, se trouve plus à l'intérieur, près de la cathédrale de Sainte Marie, siège de l'évêché de Nebbio, important centre civil et religieux du Moyen-Age avec une juridiction qui va de Canari sur la péninsule du Cap Corse jusqu'à la ligne de partage des montagnes qui la séparent au Sud de la vallée du Golo. La remarquable structure architecturale de l'église romane-pisane qui existe encore aujourd'hui témoigne de cette histoire. Sa construction remonte à la première moitié du XII siècle, et juste à coté, on peut voir les fondations du palais épiscopal construit en 1615 par l'évêque Rusconi.
Aux alentours de la moitié du XIII siècle, la région du Nebbio est le siège d'une des premières communautés franciscaines de la Corse.
Au XV siècle, avec la concession de l'île au Comptoir de Saint Georges, commence le lent déclin de cette localité, favorisé par la construction des premières fortifications de la péninsule dans la rade de Fornali.
En 1495, le Bureau du Comptoir décide la canalisation de l'Aligiu, dans le cadre d'une plus ample bonification des terres adjacentes. Au cours de cette opération, l'administration gênoise entend également supprimer les salines desquelles les communautés locales obtiennent le sel à un prix nettement inférieur à celui qu'impose le Bureau. A la suite des oppositions des habitants, le projet est abandonné pratiquement sur le champ pour être repris en 1507 après un accord qui prévoit l'octroiement d'une indemnité pour les adeptes des salines qui s'engagent à leur tour à construire à leurs frais une digue destinée à assécher les marécages.
Le premier embryon d'un noyau habité se forme également au début du XVI siècle au pied de la forteresse et tout au long du rivage déjà caractérisé par une forte activité portuaire due en grande partie à l'exploitation rurale du territoire.
Vers la moitié du XIII siècle, les maisons sont concentrées autour de l'église de Saint François qui, ainsi que le «donjon», constitue l'architecture la plus ancienne de la place forte gênoise. En dehors des murs d'enceinte, le tissu du bourg est au contraire beaucoup plus dense et plus compact, caractérisé par un parfait alignement sur le seul axe routier qui, de l'extrémité de la péninsule, va jusqu'à l'église de Sainte Anne. Cet édifice indique la limite des constructions du XVII siècle, point de départ des nouveaux développements linéaires du siècle suivant en bord de mer et en direction de la citadelle.
Le château est formé par deux grands donjons cylindriques concentriques et par trois tours situées sur le périmètre externe. On y pénètre par une des tours à base carrée qui possède une entrée au

88. Saint Florent, la tour gênoise.
89. Saint Florent, détail d'un escalier externe.

88

89

rez-de-chaussée, protégée par un grand mâchicoulis. L'édifice, amplement remanié, même récemment, révèle des caractères architecturaux exclusifs, très différents de ceux des autres fortifications gênoises présentes en Corse.
Le complexe de défense construit au XVIII siècle comprend aussi la petite église de Saint François datant de 1761, une autre batterie disposée 100 mètres plus au Sud et le système de tours rondes qui, de l'Ouest à l'Est, sont celles de Mortella et Fornari et à l'Ouest Saint Florent; Vecchiaia, Farinole et Nero à l'Est, en remontant vers le Cap Corse.
En quittant Saint Florent, il est conseillé de visiter les villages du Nebbio en suivant les Routes Départementales n. 81 et 62 en direction de San Pietro di Tenda.

— **San Pietro di Tenda**. L'église homonyme du XIII siècle, très grande par rapport aux chapelles plus petites de la même époque qui caractérisent cette phase architecturale des édifices religieux de la Corse.
Mystérieuses et presque caricaturales les expressions des visages situés sur la corniche de la façade.

— **Sorio**. Restes de la chapelle de Sainte Marguerite, construite vers la moitié du XIII siècle. Le long de l'ancien sentier qui mène au Col de Tenda, ruines d'un édifice octogonal, peut-être un baptistère à l'intérieur d'une zone destinée aux sacrifices païens.

— **Pieve**. Menhirs statues sur la façade de l'église paroissiale. L'«église noire» de Saint Niculaiu du XIII siècle à laquelle on accède par un sentier en une demi-heure de marche.

90-91. Saint Florent.

92. Calvi, le golfe et une partie des murailles de la citadelle.

90

91

92

— **Rapale**. Eglise de Saint Cesareo du XIII siècle: on y arrive à pied en environ un quart d'heure.

— **San Michele di Murato**. Eglise homonyme de style roman et pisan, construite au XIII siècle sur les ruines d'un édifice du X siècle. Il s'agit d'un des exemples les plus suggestifs de ce style, connu dans toute l'île pour sa structure insolite qui s'inspire à des exemples d'origine populaire et pour son splendide isolement sur le territoire environnant. A noter aussi: les murs où s'alternent les calcaires blancs et les schistes verts locaux, et la position du clocher à arcades sur la façade principale.

— **Murato**. Un embranchement part de l'église de Saint Michel et conduit au village dont l'église paroissiale abrite une peinture sur bois que l'on attribue à Tiziano.

En descendant en direction de Casatorra, on arrive près de **Biguglia**, ancienne capi-

93. Furiani.

93

tale médiévale de la Corse, le long du suggestif **Défilé de Lancone**, la visite du Nebbio s'achève, on rejoint ensuite la Route Nationale N. 193 qui mène de Bastia à l'aéroport de Porretta, vers les territoires Sud-Est de l'île.

— **Furiani.** Avant de continuer vers le Sud, il est conseillé de visiter ce petit village panoramique dont les origines médiévales, prouvées également par les ruines d'une tour carrée suggestive, sont liées à celles du village voisin, semblable par sa position stratégique: Biguglia.

I.4 - Casinca et Castagniccia

Le territoire de la Casinca, formé de roches sédimentaires de nature schisteuse, caractérisé par des reliefs modestes et des pentes douces, comprend les flancs orientaux du Monte Sant'Angelo au Sud de Bastia, les vallées du Golo, celles de l'Alto ainsi que leurs plaines qui s'étendent jusqu'à la côte. Il emprunte son nom à l'église paroissiale de Casinca qui faisait partie de l'ancien diocèse de Mariana, dont le siège épiscopal se trouve dans la «Canonique» à l'embouchure du Golo, splendide cathédrale pisane du XI siècle. L'exceptionnelle stratification historique de son paysage se rattache à la fondation de la ville de Mariana en l'an 100 av. J.-C. et à celle d'Aléria, plus au Sud, principaux fondements de la pénétration romaine dans l'île. Vignes, oliviers et agrumes disséminés entre les vieux villages et sur la colline ouverte sur la mer sont des images encore vivantes de cette longue histoire de l'installation humaine, favorisée par la présence d'un des sols les plus fertiles de la Corse. La plaine du littoral, récemment bonifiée par la SOMIVAC (Société pour la Valorisation Agricole de la Corse), est utilisée pour la culture intensive de la vigne et des arbres fruitiers.

La Castagniccia doit son nom à la diffusion massive du châtaignier qui occupe plus du tiers de la superficie du territoire. Dans la seconde moitié du XIX siècle, sa population avait une densité qui était la plus forte de toute l'île. Elle comptait alors plus de 50.000 personnes réparties sur 112 petites communes dont l'économie était principalement liée aux cycles productifs des châtaigniers et des oliviers.

Toute la région se réfère à l'unité orographique du massif de San Petrone qui se trouve au centre des grands axes des vallées du Golo et du Tavignano. Caractérisée par des terrains d'argile et de schiste riches, profonds, avec d'abondantes précipitations grâce à une bonne exposition aux vents humides des quadrants orientaux qui ont favorisé la monoculture du châtaignier, elle figure encore aujourd'hui parmi les régions les plus riches en centres historiques de la Corse.

Le paysage dont les grands traits sont semblables à ceux des Apennins de la Ligurie, marqués par la séculaire «civilisation du châtaignier», ne laisse place à aucun autre genre de culture, à l'exception de l'olivier sur les versants les mieux exposés et à faible altitude. Il n'existe pas d'habitations rurales isolées et toutes les constructions se concentrent en une constellation de petits villages compacts et équidistants. La ligne de faîte, endroit généralement privilégié pour ces constructions, est également une ligne directrice des chemins séculaires de la transhumance qui partent du fond des vallées ou de la mer et vont jusqu'aux pâturages d'été, à plus de 800/1000 mètres d'altitude. Un phénomène massif d'émigration vers le continent ou vers l'Amérique du Sud a provoqué l'écroulement, en l'espace d'un siècle, de la densité démographique dont les valeurs sont aujourd'hui inférieures d'au moins 1/5. Les châtaigneraies, désormais en grande partie abandonnées, sont de plus en plus souvent victimes de maladies, d'incendies et de déboisements absurdes.

La visite de la Casinca commence par Bastia, sur la R.N. 193, jusqu'au carrefour de Casamozza, puis sur la R.N. 198 jusqu'à Torra où un embranchement sur la droite conduit au village de Vescovato. Avant d'entrer dans l'arrière-pays, il faut absolument faire étape à Mariana afin de visiter ses deux églises.

— **Mariana**. La ville romaine fondée par Marius en l'an 100 av. J.-C. ne garde que peu de traces de son passé qui sont les restes de murs en terre cuite, des mosaïques, des inscriptions et les ruines des thermes. L'église de Saint Parteo, dont la fonction était celle de chapelle de cimetière, se trouve en pleine campagne. Elle a été construite entre le XI et le XIII siècle, sur les fondations d'un précédent sanctuaire. La «Canonique», ancienne cathédrale de Mariana, édifiée au XII siècle par les Pisans, était alors le siège épiscopal de l'île.
Les fouilles qui on été ouvertes aux alentours de l'église ont permis de mettre à jour les fondations de la basilique paléochrétienne et du baptistère dont il reste une intéressante mosaïque représentant des poissons, des canards et des cerfs.

— **Vescovato**. Pendant les trois siècles qui ont suivi la destruction de Mariana, ce bourg fut siège épiscopal, supprimé ensuite en 1570 pour être transféré à Bastia.
Son église paroissiale baroque dédiée à Saint Martin conserve un tabernacle du XV siècle dont on suppose qu'il appartint à la famille des Gaggini. Dans une maison du bourg, plusieurs armoiries et une plaque de 1575 signalent la résidence de A.P. Filippini, un des «chroniqueurs» principaux de l'histoire corse.

— **Venzolasca, Penta di Casinca, Loreto di Casinca**. Ces trois villages situés au coeur de la Casinca présentent des caractéristiques du processus d'installation humaine et de la construction qui sont très importantes au point de vue du paysage grâce à leur position exceptionnelle sur les balcons et sur les cimes des vallées hautes et moyennes. La scénographie urbaine reste inchangée, ses aspects d'aujourd'hui sont ceux qu'elle présentait déjà au Moyen-Age.
En partant de la Casinca, il est possible d'accéder à la Castagniccia soit en passant par Loreto di Casinca en direction de **Silvareccio, Piano** et **Casalta** jusqu'à la R.D. 205 par la Porta, soit en revenant sur la R.N. 198 sur le littoral, jusqu'à l'embranchement du Fium'Alto et en suivant la R.N. 847 tout au long de la vallée.
Dans le premier cas, il est possible de dévier pour suivre une route très en pente et en mauvais état qui conduit à la Porta en passant près des ruines du couvent de Saint Antoine, sur la colline du même nom.

— **La Porta**. Ce village situé au coeur de la Castagniccia est célèbre pour son exceptionnelle église baroque dédiée à Saint Jean Baptiste, qui présente une façade avec des chapiteaux corinthiens, des piliers et des colonnes datant de 1707 et un grand clocher à cinq niveaux, oeuvre de l'architecte lombard Domenico Baina, datant de 1720.

— **Campana**. Dans l'église paroissiale, une toile de 1638, l'*Adoration des pasteurs*, attribuée au peintre espagnol F. Zurbaran.

— **Piedicroce**. Sur la droite, avant d'arriver au village, on peut voir les ruines du Couvent d'Orezza qui était au XVIII siècle le centre de la résistance des partisans de Paoli. Le 30 Janvier 1755, c'est à l'intérieur de ce couvent que fut proclamée l'indépendance de la Corse.
Dans le village, l'église des Saints Pierre et Paul dont la façade baroque est caractéristique. Cette église possède une peinture sur bois de la *Vierge à l'enfant* du XVI siècle et un orgue du XVII, considéré comme l'un des plus anciens de l'île.

— **Carcheto**. Dans son église baroque se trouvent une *Via Crucis* de style populaire datée de 1790 et une statue en albâtre représentant la *Vierge à l'Enfant*.
Aprés avoir passé le Col d'Arcarotta, la route s'engage dans la vallée d'Alésani.

— **Couvent d'Alésani**. On y arrive en prenant la dérivation de la R.D. 17 vers *Borgo di Perelli*. En 1736, Théodore, baron de Neuhoff, y fut proclamé roi de Corse.
Dans l'église du couvent se trouve une toile datant de 1450, de l'école siennoise, que l'on attribue au peintre Sano di Pietro et qui représente la *Vierge de la cerise*.
Après le barrage artificiel destiné à fournir en eau les terres récemment mises en culture de la plaine orientale, en continuant sur la R.D. 17 ou bien en reprenant la R.N. 197, on abandonne définitivement la vallée interne et on suit une corniche qui offre un ample panorama de la côte située entre Moriana et Aléria.

— **Cervione**. La cathédrale de Sainte Marie et de Saint Erasme, construite en 1580, présentant une coupole centrale originale, appartient aux premières expressions de l'art baroque insulaire. A l'intérieur y sont conservées d'importantes oeuvres d'ébénisterie telles que les stalles du choeur et les meubles de la sacristie.

— **Vallée de Campoloro**. En une heure de marche (aller et retour) on peut se rendre à la chapelle romane de Sainte Christine, composée de deux absides jumelles peintes à fresque, datant de 1473.

— **San Nicolao**. Eglise paroissiale baroque du XVII siècle. De Cioti, la route conduit à l'oratoire de Saint Emilien, isolé sur la montagne où tous les ans, le 15 Septembre, les habitants de la paroisse de Moriani

allumaient un feu auquel répondaient d'autres feux allumés dans tous les villages du fond de la vallée.
On quitte San Nicolao pour suivre la R.D. 34 qui débouche sur le littoral où s'achève la visite de la Castagniccia.

I.5 - Plaine orientale et Ghisoni

La chaîne de l'Olmelli, partant de la Castagniccia, sépare les territoires de la plaine maritime orientale en deux unités géographiques distinctes, celle du Nord qu'on rattache à la Casinca, due aux dépôts alluviaux du Fium Alto, du Golo et du Pevinco, et celle du Sud qu'on appelle aussi Plaine d'Aléria, délimitée par les embouchures du Fium Orbo, du Tavignano, du Bravone et de l'Alésani. Par Plaine orientale on entend aussi, en réalité, l'immédiat arrière-pays de ces bassins, caractérisé par des reliefs doux en proximité de la côte, des collines, des vallées encaissées, des plateaux d'érosion creusés comme de vrais petits «canyons» par de nombreux petits cours d'eau à caractère torrentiel. Le paysage de la région collinaire interne et de la montagne ne présente, en substance, pas de grandes différences par rapport à la Casinca, à la Castagniccia et à une partie de la région de Corte; ici peut-être est plus évidente l'atmosphère de désolation et d'abandon qui règne dans les petits bourgs souvent presque inhabités, enfouis dans les châtaigneraies et dans les olivaies. La zone côtière, infestée par la malaria et restée pratiquement déserte pendant presque 2000 ans, c'est-à-dire de la fin de la présence romaine à Aléria jusqu'à la moitié du XX siècle, connaît aujourd'hui une exceptionnelle renaissance rurale due à la mise en culture d'une grande partie des plaines et des collines promue par la SOMIVAC, due aussi aux rapatriements d'Algérie. Grâce aux disponibilités hydriques fournies par les bassins artificiels de Calacuccia et d'Alésani, grâce aussi au défrichement systématique de la lande et du maquis, la culture industrialisée de la vigne et des agrumes prospère. A cela s'ajoutent les exceptionnels développements du tourisme estival qui ont profondément modifié le paysage.
L'Etang de Diana, autrefois port militaire romain *(Portus Dianae)* et centre séculaire d'élevage de moules et d'huîtres, présente au centre un îlot artificiel produit par les déchets du travail des valves.

— **Aléria**. La ville d'Aléria dont les origines sont très antiques couvre une vaste zone collinaire qui domine l'embrouchure du Tavignano sur la côte orientale de l'île. Colonie des Focéens de Marseille dès 565 av. J.-C., elle se développe considérablement à l'époque romaine et devient aussi un important fort avec une base navale et un port militaire que l'on peut situer à l'actuel emplacement de l'Etang de Diana. Le port commercial, utilisé également au cours des périodes successives, se trouve au contraire dans la partie terminale du Tavignano, au pied de l'éperon où siégeait la citadelle gênoise. Le choix de ce nouveau site, sur le promontoire, vers l'anse du fleuve, est oeuvre de colons toscans qui s'y étaient installés au cours de la première moitié du XIII siècle, sur l'initiative de l'évêque Orlindo Cortinco.
La vieille ville, en partie reconstruite durant les fouilles, comprend le forum entouré de portiques, le temple orienté vers la mer, le palais public en amont, jouxté des bains. Les édifices des thermes se trouvent au contraire vers l'embouchure du Tavignano, près de l'ancien port commercial. Le développement du bourg médiéval coïncide en partie avec la restauration en 1412 de l'église romane de Saint Marcel, comme le confirme une plaque apposée à l'angle Sud de la façade de l'église.
En 1570, Giorgio Doria projette les nouvelles fortifications réalisées à partir de 1572 par Benedetto Canevaro. Ces travaux, en plus d'interventions limitées dans l'enceinte, comprennent la construction du fort de Matra qui occupe une grande partie de l'enceinte fortifiée du XV siècle. La forteresse à base trapézoïdale comprend à l'intérieur une petite cour par laquelle on accède à toutes les pièces du rez-de-chaussée. Le même schéma de distribution se retrouve à l'étage supérieur auquel on accède par des escaliers et par un passage qui longe les murs périmétraux internes. L'épaisseur des murs de la tour semble confirmer l'hypothèse de sa préexistence, tandis que dans la zone Ouest, on ne note aucun indice de la primitive résidence fortifiée. Aujourd'hui, le fort de Matra abrite le Musée de la ville romaine, dédié à l'historien Jérôme Carcopino. Dans les douze salles du rez-de-chaussée se trouvent des pièces de grande valeur qui confirment l'intensité des échanges culturels entre Aléria et l'ensemble de la Méditerranée, et plus particulièrement avec la Grèce et la Mer Egée.
En quittant Aléria et en remontant la vallée du Fium Orbo, on traverse le Défilé de l'Inzecca et celui des Strette pour arriver ensuite à la zone des Ghisoni, entièrement située dans le périmètre du Parc Naturel Régional.

— **Ghisoni**. Dans cette zone se trouvent les deux aiguilles de granulite appelées

94. Aléria, forteresse du bourg et maisons du bourg homonyme.

95. Aléria, église de Saint Marcel.

94

95

96. Fautea, le petit promontoire et la tour gênoise.

97. Fautea, détail de la base de la tour circulaire.

96

97

Christe Eleïson et Kyrie Eleïson, connues dans l'histoire de l'île pour avoir servi de refuge à la secte hérétique des Giovanniti; en remontant vers le Col de Verde, on pénètre dans la grand forêt de Marmano qui s'étend sur 2200 hectares.
En direction du Col de Sorba, on arrive à la plus grande forêt des Ghisoni, qui s'étend sur plus de 4000 hectares dont 1500 couverts par des arbres de mélèze.

I.6 - Territoires de Porto-Vecchio et de Bonifacio

A l'extrème Sud de l'île, dans une région côtière qui était il y a quelques années, encore pratiquement déserte, se trouvent les deux centres historiques principaux de Porto-Vecchio et de Bonifacio. Aux alentours de Porto-Vecchio fondée par Gênes en 1539 et peu habitée jusqu'à la fin de la seconde guerre mondiale, se trouvent de vastes forêts de chêne-liège qui, pendant de nombreux siècles, furent la principale source de revenu de la population. L'exceptionnel développement du tourisme a désormais supplanté cette activité traditionnelle en redimensionnant aussi l'importance commerciale du grand port naturel aujourd'hui presque entièrement destiné à la navigation de plaisance. Dans le grand Golfe de Porto-Vecchio, entre la Pointe de Saint Cyprien et la Pointe de la Chiappa, les plus belles plages de sable ont été consacrées aux structures du tourisme saisonnier; il est encore possible de trouver des paysages maritimes naturels moins «équipés» à l'intérieur du golfe, sur les plages d'Arghi, de Piccovaghja et à la Pointe d'Arena, ou mieux encore dans les proches îles Cerbiale, destinées à devenir réserve intégra-

98. Pinarello.

98

le, tout comme les îles de Lavezzi, près de Bonifacio. Dans ces îles, refuge de nombreuses espèces d'oiseaux marins, comme la mouette corse *Larus Andoinii*, en voie d'extinction, l'arrêt prolongé et la pêche sous-marine sont interdits. De Porto-Vecchio en direction de Bonifacio, le paysage côtier se modifie progressivement, passant du bas maquis et de l'épaisse broussaile aux roches granitiques nues et grises, aux plateaux calcaires ça et là couverts d'olivaies délimitées par des murs de pierres sèches. Un décor stratifié de roches calcaires caractérise la ville de Bonifacio et son immédiat arrière-pays, singularisé par des constructions en «trulli» et par une vaste diffusion des murs de pierres sèches. Dans les zones non cultivées s'étend la «gariga», qui consiste en des formations de buissons beaucoup moins touffus que le maquis méditerranéen traditionnel. Parmi les espèces les plus diffuses, signalons le chêne épineux, le romarin, le thym et le ciste. Les monts qui dominent la côte entre Porto-Vecchio et Solenzara, généralement inhabités, se caractérisent par l'approche progressive de la ligne de partage vers la mer. Le massif cristallin de l'Incudine, dernière hauteur significative au-dessus des 2000 mètres, est entouré de forêts comme celle de Tova au Nord, où prédominent le pin maritime qui s'étend sur 1142 hectares et le mélèze (357 hectares), et comme le Bois de Cascione, règne des chênes; sur le versant oriental se trouvent la forêt domaniale de Bavella et le col homonyme, caractérisé par les décors vertigineux des aiguilles granitiques dont les cimes aplaties sont aujourd'hui un paradis pour les alpinistes. Encore plus au Sud se trouvent la forêt communale de Zonza et celle de l'Ospédale qui font partie d'un exceptionnel patrimoine collectif hérité de l'ancien domaine gênois, récemment rattachées par la loi de 1971 au Parc Naturel Régional de Corse.

En reprenant d'Aléria le parcours littoral jusqu'à Solenzara, il est également possible d'arriver à Porto-Vecchio en abandonnant la route qui longe la côte pour suivre l'itinéraire qui conduit au Col de Bavella (1243 m) et de visiter la forêt homonyme pour arriver ensuite au massif et à la forêt de l'Ospédale. La toponymie indique que **Bavella** et **Ospédale** se réfèrent à deux petits villages temporaires habités pendant les mois les plus chauds de l'été par les habitants de la côte.

— **Porto-Vecchio**. La fondation de la ville est décidée par le Comptoir de Saint Georges au cours de la première moitié

99. Ghisoni, les maisons du bourg et dans le fond, les aiguilles de Christe Eleïson et Kyrie Eleïson.

99

du XVI siècle, dans le cadre plus général de la colonisation rurale d'autres secteurs côtiers limitrophes comme Figari, Saint Cyprien, Conca, Solenzara et Bravone. Les zones comprises dans le «projet de Porto-Vecchio» incluent environ 40.000 hectares situés dans le bassin imbrifère du Stabiaco. La construction de la muraille pentagonale commence en 1539.
La diffusion de la malaria et les perpétuelles incursions corsaires sur la côte entravent considérablement le rythme des constructions à l'intérieur même de la zone protégée par la muraille et font un grand nombre de victimes parmi les colons et même dans la garnison. A ces difficultés externes s'ajoute l'hostilité de la communauté de Bonifacio qui voyait une dangereuse limitation de son territoire dans les programmes de l'«Officio» concernant Figari et Porto-Vecchio.
Jusqu'à la moitié du XVIII siècle, Porto-Vecchio reste un bourg mineur, avec une population réduite dont les habitants n'occupent même pas tout l'espace disponible à l'intérieur de la muraille.
Cette muraille en forme de pentagone compte cinq remparts situés sur les sommets, dont les structures et les dimensions varient selon l'importance stratégique de la zone correspondante. Le plus important, situé au Nord-Ouest, s'appelle le Rempart de Saint Georges et comprend un gros orillon destiné à protéger la courtine occidentale considérée à juste titre comme un secteur délicat. En se déplaçant dans le sens contraire à celui des aiguilles d'une montre, sur le sommet suivant se trouve le Rempart du Palais, ainsi nommé parce qu'à l'angle interne de la muraille est adossé le Palais Public. Viennent ensuite le Rempart de Saint Antoine et celui de la Porte qui protège d'un gros orillon la seule entrée en ville en direction Sud-Est. Cette porte, conservée encore aujourd'hui, rappelle le modèle des murailles gênoises du XVII siècle. Elle est couronnée d'un grand mâchicoulis et de

100. Le long du ruisseau de Solenzara en direction de Bavella.

100

101. Porto Vecchio, porte principale dans les murs du XVI siècle.

101

grosses tables en pierre. Le Rempart de France, orienté vers le Nord-Est, donne directement sur le port et conserve encore aujourd'hui une grande pièce avec des voûtes en berceau, une structure en brique, jouxtée d'une tour à mâchicoulis juste au-dessus de son unique entrée.
Les tours de Benedetto et de Saint Cyprien protègent l'embouchure du golfe des collines donnant sur la côte septentrionale.
Eglise, palais, fours et citernes semblent disposés le long de la muraille selon un schéma plutôt casuel. La même règle semble valoir pour les habitations à deux ou trois étages qui, du XVIII au XIX siècle, couvrent totalement la partie interne des murailles.
L'église, reconstruite en 1868, se trouve à l'emplacement d'un édifice plus ancien détruit. Sa position souligne les rapports urbains entre zones publiques et zones résidentielles.

— **Bonifacio**. Son centre historique occupe une bonne partie d'une péninsule d'environ 1500 mètres de long et 200 mètres de large qui protège le vaste bassin portuaire naturel semblable à un fjord grâce à un système stratégique des plus singuliers de toute la Méditerranée. En direction du large, une série de surplombs impressionnants souvent suspendus dans le vide créent une barrière infranchissable. A l'Est et a l'Ouest, la colline descend plus doucement jusqu'au port, créant des aires moins sûres d'un point de vue stratégique mais plus adaptées à la construction.
Déjà fréquentée au temps des Phéniciens, des Grecs, des Carthaginois et des Romains à cause du caractère exceptionnel de son site et de sa position dans un des secteurs les plus mouvementés de la Méditerranée, du IX au XII siècle, la ville se trouve sous l'influence de Pise et au cours de cette période ses habitants pratiquent la piraterie en mer et tout au long

102

des côtes thyrréniennes. En 1187, le noble gênois Folco di Castello la conquiert, devançant de huit ans l'occupation définitive de la ville par la Commune de Gênes. Tous les habitants de la citadelle sont chassés et remplacés par des familles de colons ligures auxquelles la Commune accorde de nombreux privilèges inscrits dans le «livre rouge» de Corse et dans les *Capitula* de Bonifacio. Agrandie et renforcée par des murailles et des tours, la ville se transforme ensuite en une sorte de petite république autonome mais très fidèle à Gênes, dotée d'un propre hôtel des monnaies et de statuts civils et criminels. Au XIV siècle, son administration est confiée à un podestat qui représente Gênes et à un conseil des anciens composé da quatre membres. Au début du XV siècle, à l'occasion du passage sous la couronne aragonaise de Sardaigne et de Corse, seule Bonifacio entretient des rapports avec la Ligurie, résistant à un terrible siège qui, d'Août 1420, durera encore plus de cinq ans, jusqu'à la victoire finale contre les Aragonais, obtenue grâce à une flotte de secours envoyée par Gênes. A partir de la seconde moitié du XV siècle, avec la

103

104. Porto Vecchio

104

chute de Constantinople et la réduction successive du commerce gênois avec le Levant, Bonifacio commence elle aussi à connaître une période de stase urbaine et démographique.
En 1528, une terrible épidémie de peste dépeuple ultérieurement ses maisons, réduisant le nombre de ses habitants de 5000 environ dans la première moitié du XIV siècle à guère plus de 700. En 1553, une coalition de Corses, de Français et de Turcs assiège la ville et parvient à la dominer, profitant de la lenteur des secours envoyés par Gênes. Après une vingtaine de jours de bombardements, Bonifacio est saccagée et incendiée, la garnison gênoise massacrée, la population survivante expulsée. A peine six ans après, le 3 avril 1559, avec le traité de Cateau-Cambrésis, toute la Corse repasse à Gênes et reste dans les juridictions territoriales de la République jusqu'à son annexion définitive à la France en 1768.

La cathédrale qui date de la fin du XII siècle et la loge voisine sur la place homonyme indiquent probablement l'aire du noyau habité du XIII siècle situé le long des deux axes principaux de la Rue de l'Archivolte et de la Rue du Palais. Ces deux routes remontent la pente naturelle à l'Ouest, longent la cathédrale de Sainte Marie Majeure et s'achèvent dans la zone la plus élevée de la péninsule où se trouvait probablement une fortesse dont les bases ont été englobées au cours des travaux de reconstruction de la muraille et des bastions, au XV siècle.
La stratification chronologique de ce secteur de fortifications a été en partie mise en évidence grâce aux fouilles des «jardins des vestiges» au cours desquelles ont été remises à jour des structures surajoutées du XIII au XIX siècle.
Dans la partie la plus antique qui se trouve vers la Place de la Loge, le système de construction des habitations se base sur la subdivision en contrades

105. Bonifacio, le jardin des vestiges.
106. Bonifacio, la Porte de France.

105

106

107. Bonifacio, zone Nord vue de la Porte de Gênes.

107

assignées à des familles plus ou moins nobles, comme cela se passait aussi à Gênes à cette époque. Dans la première moitié du XIII siècle, la famille Stanco et celle de Giovanni Stregia construisirent leurs habitations selon ce principe.
La croissance démographique la plus importante de la ville qui se vérifie au XIV siècle et au cours des premières décennies du XV coïncide avec la réalisation d'un nouvel axe routier, celui de la Rue Doria, parallèle aux deux rues citées précédemment qui favorise la construction sur tous les lots restés libres jusqu'aux grands surplombs qui dominent la mer. Cette route indique également l'attibution à plusieurs ordres religieux de l'extrémité occidentale de la péninsule où furent construits à différentes époques l'hospice de la Sainte Croix (XIII siècle), l'église de Saint Dominique (XIII-XIV siècle) et tous les autres couvents, chapelles et églises jusqu'au plus grand et au plus récent complexe de Saint François, sur la pointe la plus occidentale.
Même le Bourg du bord de mer, disposé tout au long de la «rive» du port a déjà atteint, aux alentours du XV siècle, un certain développement dans les deux bras qui convergent vers la pente abrupte qui conduit à la citadelle. Arsenal maritime, fonds de magasins et entrepôts complètent le tableau urbain tandis que la pauvreté des maisons caractérise une partie de la communauté peut-être non gênoise, exclue pour plusieurs raisons du territoire protégé par les murailles.
Par rapport à celle de la fin du XVIII siècle, la ville contemporaine présente des modifications partielles dues à l'installation au cours du XX siècle de la garnison militaire qui occupe toute la zone occidentale, propriété de couvents et d'institutions religieuses. Bonifacio connaît en effet une croissance démographique provoquée de l'extérieur qui porte sa population à presque 4000 habitants. Se rattachent à cette période les édifices situés en aval de la Rue Scamarone, de la Place Castelletto, ainsi que la surélévation sporadique des derniers étages de quelques immeubles.
Le grand escalier du roi d'Aragon qui relie par une rampe impressionante tous les rochers méridionaux, avec une terrasse vers la tour ronde, fait partie lui aussi de la structure stratégique de Bonifacio. Sa fonction est celle d'un débouché de secours sur la mer en cas d'assaut par la terre. Son utilisation qui rappelle la «porte du secours» de Castelsardo en Sardaigne est peut-être liée aussi à la présence d'une source sur ce versant abrupt de la péninsule. Toute la ville est prédisposée de façon à pouvoir résister à de très longs sièges selon une structure stratégique encore plus détaillée qui fait de chaque habitation une forteresse autonome avec des escaliers en bois escamotables et de petites pièces destinées à entreposer les réserves alimentaires. A l'extrémité occidentale de la péninsule, deux moulins à vent destinés à la mouture du blé complètent ce tableau «autarcique» de Bonifacio, principale raison de sa survivance au cours des siècles.

108. Bonifacio, maisons juchées sur la falaise en surplomb.

108

II Itinéraire - De Bonifacio à la Balagne

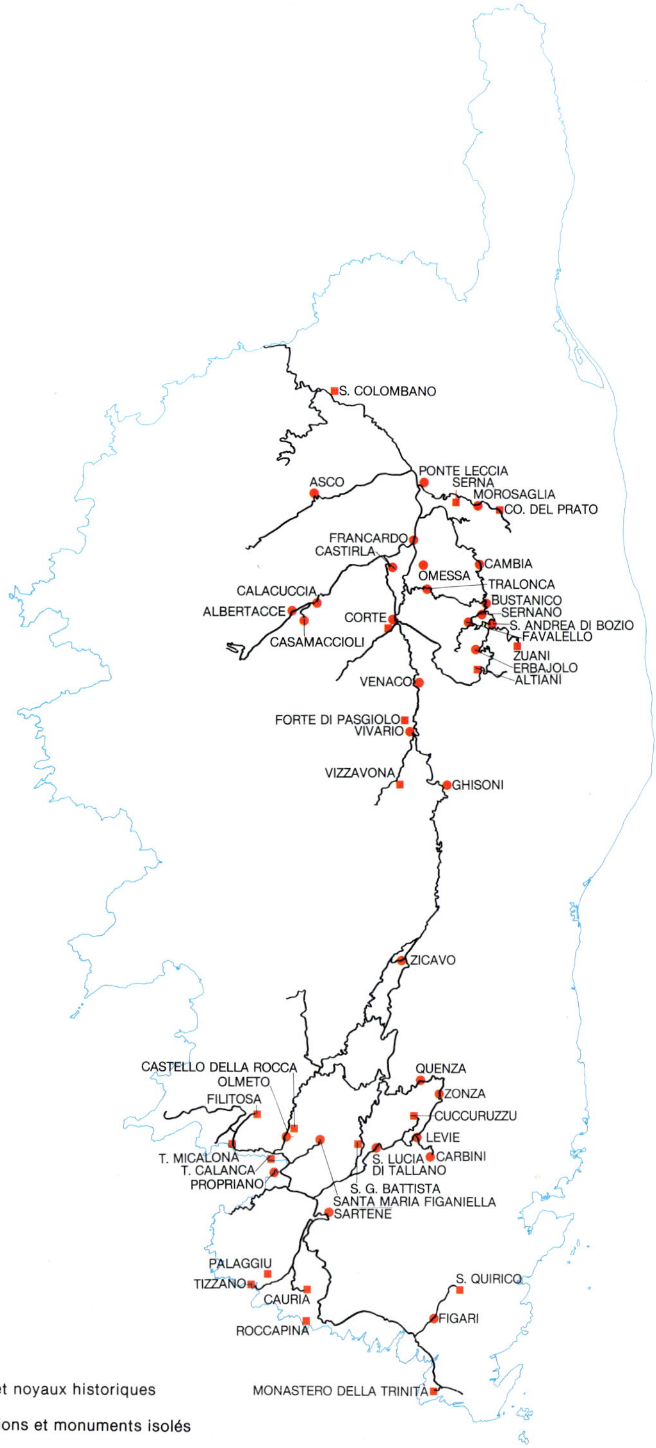

● centres et noyaux historiques

■ localisations et monuments isolés

109

Le parcours suggéré comprend dans la première partie quelques raccourcis sur le littoral très découpé et quelquefois inaccessible qui s'étend de Bonifacio à la Pointe de Campomoro. Dans le grand Golfe de Valinco à Propriano, on abandonne donc la mer pour prendre à Sartène la R.N. 194 en direction du Col de Verde, de la région des Ghisoni, déjà décrits dans le premier itinéraire, et en direction du Col de Sorba.
Par ce défilé, on descend dans le Haut Tavignano puis dans la région de Corte pour arriver ensuite en Balagne, terme maritime de cet axe, en suivant la R.N. 193 jusqu'à Ponte Leccia et en prenant enfin la R.N. 197.

II.1 - La région de Sartène

Elle s'étend sur les territoires les plus méridionaux de la côte occidentale, située autour du Golfe de Valinco et qui convergent à l'Est vers le massif de l'Incudine. De toute le région, Sartène est le seul centre historique médiéval à atteindre certaines dimensions. Grâce au climat sec et chaud, les conifères font place aux grandes forêts de chênes qui sont l'un des éléments dominants de son paysage. Le décor rural, marqué par les traces de la transhumance, est principalement constitué par des vignes et des olivaies tandis qu'en altitude se trouvent les châtaigneraies, principales sources de revenus, avant le développement résidentiel et touristique de la côte, d'une des communautés les plus fermées de toute l'île. Caractérisé par une densité démographique faible, ce territoire présente encore aujourd'hui des grandes propriétés foncières destinées surtout à la viticulture, transformée en monoculture à la fin du XIX siècle, lorsque la crise de la filoxère a envahi les vignobles continentaux.
Le parcours suggéré comprend tout d'abord la côte qui s'étend entre Bonifacio et Propriano, dont les dérivations principales permettent de visiter quelques-

110. Roccapina, en haut à droite, la tour homonyme.

110

uns des plus importants sites préhistoriques de l'île. Après Sartène, l'itinéraire continue en direction de l'arrière-pays jusqu'à l'embranchement de la R.N. 194 sur l'axe Zicavo-Ghisoni-Corte.
Après Bonifacio, sur la R.N. 196, aux environs du Col d'Arbia, une déviation sur la gauche conduit au monastère abandonné de la *Trinità*, première étape conseillée de ce parcours en direction de Sartène.

— **Figari**. Le territoire de sa commune comprend toute une série de petits villages dispersés à l'intérieur des terres, en proximité desquels se trouvent les vestiges de quatre chapelles campestres romanes construites au XI et au XII siècle. La mieux conservée est celle de Saint Quilico à Montilati (R.N. 853). Elle présente une voûte en berceau unique sur laquelle se trouve encore la toiture d'origine en «tegghi».
Près de la baie de Figari se situe également l'une des premières initiatives de colonisation agraire gênoise: le *Castrum* de Saparadonica, cité dans des documents datant de la moitié du XIII siècle.

— **La crique et le Cap de Roccapina**. Le Rocher du Lion de Roccapina sépare, dans le golfe homonyme, la longue plage de l'Erbaggio du Golfe de Roccapina, principaux endroits d'abordage de toute la vallée de l'Ortolo, entre Sartène et Bonifacio. Sur le Rocher du Lion se trouve une tour ronde gênoise construite vers la fin du XVI siècle par les Della Rocca, seigneurs du fief homonyme. En effet, l'administration gênoise de l'île ordonna vers 1591 la construction de dix tours dans les fiefs des Della Rocca, des Agriate, des évèques d'Aléria et de Sagone. Pour les Della Rocca, cette obligation concernait les tours de Porto Figari, de Tizzano et de Roccapina.

— **Cauria** (R.D. 48). Les mégalithes de Fontanaccia et les alignements de Cauria indiquent une des stations préhistoriques les plus importantes de Corse. Le dolmen est formé d'une grande pierre plate de couverture, incisée de petits

111. Micalona.
112. Tizzano, les menhirs de Palaggiu.

111

canaux. Les menhirs composent un premier alignement de 25 stèles et un groupe non aligné de 46 stèles.
Toujours dans la zone de Cauria, entre le Golfe de Mortoli et le Golfe de Roccapina se trouve un *Castrum* gênois de la première moitié du XIII siècle dont la construction illustre la tentative de colonisation rurale de Giovanni Stregia, châtelain de Bonifacio.

— **Palaggiu**. A trois kilomètres de Tizzano, un chemin étroit conduit à cette station préhistorique dont les 250 monolithes constituent l'un des alignements les plus célèbres d'Europe.

— **Tizzano**. Sa baie longue et étroite est un des endroits d'abordage les plus sûrs de la côte comprise entre le Golfe de Valinco et Bonifacio.
La construction de la forteresse homonyme dérive d'une tour imposée en 1591 par l'administration gênoise aux Della Rocca.
La croissance du commerce maritime dans la baie d'Avena, dominée par cette fortification, dépend en grande partie de l'exploitation agricole des territoires situés au Sud de Sartène et conduit à une successive restructuration totale de la première construction fortifiée. La nouvelle forteresse a une base triangulaire définie par une muraille d'enceinte et une tour ronde à chaque angle, respectivement orientées en direction du large et de la terre ferme, selon des normes stratégiques dictées par l'orographie de la baie.

112

113-114. Sartène.

Un chemin protégé par une courtine percée de meutrières suit tout le périmètre de l'enceinte.

— **Propriano**. Jusqu'à la fin du XVIII siècle, il n'y existait que quelques maisons de pêcheurs qui dépendaient de la commune de Fozzano. Du XIX au XX siècle, grâce à la construction de deux nouvelles cales, son port devient l'escale la plus importante du commerce du liège, du bois et du charbon.
La croissance urbaine contemporaine est due à l'exceptionnel développement du tourisme estival et balnéaire des dernières décennies.
De la Pointe de Porto Pollo à la Pointe de Campomoro, le Golfe de Valinco présente une singulière succession de tours rondes gênoises qui confirment l'importance du point d'abordage due surtout à la présence de Sartène, principal centre politique et commercial.

— **Olmeto**. Les ruines du château des Della Rocca dominent le village et l'embouchure du Baracci et évoquent la première grande révolte contre Gênes conduite par Arrigo Della Rocca, descendant du grand Juge de Cinarca.
Le long de la R.D. 157 se trouvent, encore dans de bonnes conditions, les deux tours rondes de la Calanca et de Micalona.

— **Filitosa** (R.D. 57). Le village mégalithique exploré à partir de 1954 a subi une fortification torréenne successive. Dans le périmètre des murailles se trouvent les monuments torréens à structure circulaire, construits à l'aide de gros blocs de pierre et de menhirs du village mégalithique précédent.
Quelques stèles ont été récupérées et remises sur le terrain, ou encore, comme la statue-menhir de Scalza-Murta, placées à l'intérieur du Musée-Centre de Documentation sur la préhistoire corse.

— **Sartène**. Le développement médiéval de la ville est précédé par des luttes incessantes entre les familles nobles locales, «les Sgiò», et les Gênois qui tentent une domination absolue en construisant des châteaux dans toute la vallée qui va du Golfe de Valinco et remonte jusqu'à la ligne de partage centrale de la Corse.
Cette forteresse, située sur une crête naturelle qui descend du Monte Rosso jusqu'au fond de la vallée du Riccanèse, fut disputée de l'époque de Rinuccio Della Rocca à celle d'Andrea et de Nicolò Doria. De 1516 à 1518, l'administration du Comptoir de Saint Georges construisit

113

les murailles de la citadelle, prédisposant ainsi la planification urbaine selon un modèle semblable, par ses formes et ses dimensions, à celui de Porto-Vecchio. La cathédrale fut achevée en 1593, en même temps peut-être que des travaux de renforcement des fortifications déjà existantes. A partir de 1630, un nouveau bourg fut construit hors des murailles, destiné principalement aux habitations du prolétariat agricole qui travaillait dans les grandes propriétés foncières des alentours. Le périmètre des murailles suit un schéma pentagonal irrégulier. Trois de ses cotés surplombent les Gorges du Rio de Canale où se trouvent les moulins. Dans les parties Ouest des murailles se trouvent deux tours circulaires et une échauguette qui illustrent toute l'importance stratégique de ce coté.
Au XVI siècle, les formes du Palais Public présentent de nombreuses analogies avec les structures médiévales des palais communaux gênois; la seule porte permettant l'accès en ville passe sous son architecture et prend le nom de loge. A coté de ce palais (aujourd'hui Hôtel de Ville), habité par le gouverneur gênois, se

115. Sartène, maison tour.

114

trouve la cathédrale qui adhère elle aussi à la partie Nord-Est de la muraille. En face de la porte de la loge, un pont-levis enjambe le fossé qui entoure presque toutes les courtines. En alignement avec cet accès, la Rue Manighella qui est l'axe principal du vieux Sartène, matrice urbaine d'un tissu distribué en lots réguliers, surtout dans le secteur septentrional.
Le développement de l'urbanisme au XVII et au XVIII siècle se traduit par la construction de la zone qui longe le périmètre de la muraille, occupant un espace délibérément laissé libre à l'origine pour des motifs stratégiques. De toutes les traditions culturelles et religieuses de Sartène, la plus connue est sans aucun doute la procession pénitentielle du *Catenacciu* du Vendredi Saint dont les liturgies et les icônes sont fascinantes.

115

Aujourd'hui, la vieille prison est le siège du Musée de la Préhistoire Corse qui expose dans ses salles les étapes les plus significatives de la préhistoire insulaire.
Dans le fond de la vallée du Rizzanèse, sur la R.N. 194 se trouve le pont médiéval gênois de *Spin' A Cavallu* qui est l'un des mieux conservés de toute l'île.

— **Santa Maria Figaniella**. Arrivés par la R.D. 119 au pont d'Acoravo et dans les villages d'**Arbellara** et de **Fossano**, on remonte vers ce bourg qui est le siège de la commune homonyme.
Son église romane de Sainte Marie que l'on peut dater de la seconde moitié du XII siècle s'inspire des canons stylistiques d'édifices religieux encore plus anciens.

— **Santa Lucia di Tallano**. On y arrive en repassant sur le pont d'Acoravo pour suivre la R.D. 268. Sur la place centrale, isolée, se dresse la puissante structure médiévale du *Palazu*, ancienne résidence féodale construite à l'aide de gros blocs de pierre.
Dans l'église paroissiale et dans le couvent de Saint François fondé en 1492 se trouvent de nombreuses oeuvres d'art de l'école italienne que l'on doit à la munificence de Rinuccio Della Rocca.

— En partant de **Poggio di Tallano**, on arrive en une demi-heure de marche à la paroisse romane de Saint Jean Baptiste, construite entre 1125 et 1140.

— **Château de Cucuruzzu**. On arrive à cette station préhistorique en déviant

116. Spin'A Cavallu, pont gênois.

sur la gauche après l'embranchement de Mela. Le château, un des meilleurs exemples torréens d'enceinte fortifiée, présente un corps central auquel on accède par deux entrées formées par d'énormes linteaux.

— **Carbini**. On y arrive en tournant à droite au niveau du bourg de Levie (petit musée archéologique dans le bâtiment de la mairie). Son église romane ressemble beaucoup à celle de Poggio di Tallano. Ce village conserve également en partie un complexe d'architectures religieuses comprenant une chapelle dédiée à Saint Quirico et un baptistère.

— **Zonza**. Situé aux pieds de la forêt homonyme et du Col de Bavella (cf. I Itinéraire), ce village est à la fois un lieu de villégiature estivale renommé et, sur l'axe des parcs à bestiaux de Burracciola, de Straparello et de la Fontana Ruara, une base avant l'ascension du Monte Incudine (2128 m).

— **Quenza**. L'église paroissiale de Saint Georges conserve une intéressante chaire soutenue par une tête de maure et une sculpture sur bois de châtaignier représentant des serpents marins.

Dans la chapelle romane de Sainte Marie située à la sortie du village se trouvent deux petites statues en bois qui représentent Saint Stéphane et la Vierge à l'enfant.

Après avoir traversé les bourgs de **Serra**, de **Scopamene** et d'**Aullene**, on arrive au Col de la Vaccia (1199 m) qui s'ouvre dans le haut bassin du Taravo. A partir de ce point, la R.N. 194, à mi-côte de la colline, franchit au Bois de Cascione les limites du Parc Naturel Régional, remonte ensuite au Col de Verde (1289 m), porte naturelle des Ghisoni (cf. I Itinéraire) après avoir traversé les centres habités de **Zicavo** et de **Cozzano**. Au Col de Sorba (1303 m), l'itinéraire proposé arrive au bassin du Haut Tavignano appartenant aux territoires de Corte.

II.2 - La région de Corte

Elle coïncide schématiquement avec le secteur médian de la dépression centrale de l'île que l'on considère, d'un point de vue géologique, comme une zone de contact, de fractures et de contrastes dont le sillon sépare la zone des granites de la zone des schistes. Elle comprend les bassins qui recueillent les eaux de pluie des alentours de Ponte Leccia-Francardo dans la vallée du Golo et des alentours de Corte dans la vallée du Tavignano. Corte, capitale historique de la communauté corse concentre à toutes les époques, mais surtout à partir de la moitié du XVIII siècle avec le personnage mythique de Pascal Paoli, une grande partie des valeurs de l'unité ethnique de sa région, en soulignant la suprématie du coeur de l'île par rapport aux franges côtières, souvent proie des peuples envahisseurs. Les deux cours d'eau cités forment au fond de leurs vallées des terrasses plates où s'alternent des terres cultivées, un maquis bas et des landes abandonnées, résultat des défrichements séculaires causés par l'utilisation forcée de sols

116

117. Vivario.

118. Vizzavona, les ruines de la forteresse sur le col homonyme.

117

118

improductifs. Dès que l'on prend de l'altitude, les châtaigneraies situées aux limites de ces terrasses font place aux forêts de chênes, de mélèzes, de pins de Corte ou à un maquis plus dense qui s'alterne avec des prés verdoyants d'herbes médicinales et d'orge.

Dans les vallées secondaires presque toujours protégées par des gorges étroites et encaissées aux points de jonction des plus grands bassins, le paysage agraire cède progressivement la place à une économie de genre pastoral et forestier dominée par les grands mouvements de la transhumance en direction de la «Bande du dehors», en particulier de la Balagne et du Filosorma. Dans ces zones, l'exploitation forestière est une activité très ancienne, comme le démontre la présence de routes et de constructions de service en pierres dont on pense qu'elles furent créées à l'époque de l'organisation territoriale promue du XIV au XV siècle par la République de Gênes. (Les premiers statuts gênois concernant la forêt de Vizzanova remontent à 1494). Du Nord au Sud, les principales superficies boisées de la région de Corte comprennent la Forêt de Tartagine dans la vallée homonyme (2783 hectares dont 952 de mélèze, 118 de pin paritime, 43 de chêne), la Forêt de Carrozzica dans la haute vallée de l'Asco (3395 hectares), la Forêt de Valdo Niello au Sud de Calacuccia qui, avec ses 4436 hectares, est la plus grande forêt de l'île. Les principales superficies boisées sont également les forêts communales de Corte dans les hautes vallées du Tavignano et de la Restonica avec 4471 hectares, la Forêt de Cervello où se trouve la réserve de mouflons du Parc Régional et enfin la forêt domaniale de Vizzanova vers le col homonyme (1535 hectares).

Si l'on se rapproche encore des sommets

119. Corte.

les plus hauts, enneigés pendant une bonne partie de l'année, le paysage assume les tons sévères des plus âpres vallées alpines, parois en surplomb, pentes raides et déchiquetées, criques glaciaires et petits lacs entre les rochers comme ceux de Melo, de Capitello, de Nino et du Cinto.

— **Vivario**. De la fontaine de Biana, située au centre de la place du village, on peut admirer le décor naturel dominé par le Monte d'Oro et par le Fort de Pasgiolo construit par les Français en 1770, peut-être sur les bases d'une tour plus ancienne, qui, ainsi que la tour du Col de Vizzanova, fait partie du système de défense de la haute vallée.

— **Vizzavona**. Sur le col homonyme (1163 m) se trouvent les ruines imposantes de la forteresse gênoise ainsi que les restes d'un escalier en colimaçon constitué par des blocs de pierre à encastrement.
En proximité du tunnel du Col de Vizzavona, le petit centre touristique né autour de la gare ferroviaire a encore aujourd'hui des hôtels qui sont les anciens témoignages de la «belle époque» corse. Etape intermédiaire du G.R. 20 pour les excursionnistes, Vizzavona est également un endroit idéal pour des promenades dans la forêt homonyme ou vers le sommet du Mont d'Oro (2389 m).

— **Venaco**. De la terrasse de l'église paroissiale baroque, on a une merveilleuse vue d'ensemble de tout le haut bassin du Tavignano, et plus particulièrement de l'aire de séparation des deux vallées qui montent au Nord vers Corte et au Sud-Ouest vers le Col de Vizzavona.

— **Corte**. Son centre historique est situé sur un éperon de fond de vallée dominé par un point fort naturel occupé par la citadelle, bloquée sur trois cotés par l'étroit défilé du Tavignano en son point de confluence avec la Restonica et l'Orta. Etendu sur une pente assez douce orientée vers l'Est, le centre historique garde tous les aspects dominants du bourg rural et pastoral qui sont probablement à l'origine même de sa fondation. Grâce à son exceptionnelle position stratégique au croisement des principaux axes qui traversent l'île «en deça» et «au-delà des monts», il joue dès le début du Moyen-Age un rôle fondamental dans la formation et dans le développement de la culture et de l'identité nationale corse. Théâtre de luttes incessantes entre Corses et Gênois, il est conquis en 1419 par Vinceniello d'Istria qui l'occupe et entreprend les premières fortifications du

119

point fort, après avoir vaincu les armées de la République à Morosaglia. Au retour des Gênois, il devient propriété des seigneurs de Campofregoso qui le donnent en 1459 au Comptoir de Saint Georges. Dans la première moitié du XVI siècle, il passe à plusieurs reprises aux Corses, accueillant en particulier en 1553 Sampiero comme un véritable libérateur. A partir de 1564, Corte devient chef-lieu de la juridiction homonyme où réside le podestat dans un grand édifice construit aux alentours de 1570. Il semble que le renforcement de la structure fortifiée de la citadelle remonte également à cette époque, renforcement qui consiste en la construction de courtines, de tours et de donjons qui précèdent les plus récents quartiers des prisons.
En 1755, Pascal Paoli en fait la capitale de la Corse indépendante. Le nouveau gouvernement national et l'université fondée par Paoli ont leur siège jusqu'en 1790 au palais du XVI siècle du gouverneur gênois rebaptisé Palais National. Le bourg n'a pour ainsi dire pas de planification urbaine: les différents quartiers semblent en effet se succéder au hasard le long des courbes de la Rue «antica» qui monte jusqu'à la citadelle. Même en cela, Corte se différencie des autres villes gênoises de la Corse, soulignant les caractères autonomes de l'histoire de son habitat. L'église paroissiale du XVII siècle conserve une chaire en bois provenant de l'ancien couvent franciscain, un autel en marbre de grande valeur, le choeur du XVI siècle et les arcs en bois de la sacristie datant de 1798. Dans le Palais National aujourd'hui siège de l'Université de Corse est en cours d'installation le Musée d'Histoire Corse.
Sur la R.N. 200, en direction d'Aléria, à quelques kilomètres de la ville, on peut

120. Corte, la citadelle gênoise.
121. Corte.

120

121

122-123. Corte.

122

visiter les restes de l'église romane et du baptistère de Saint Jean Baptiste dont on pense que la position correspond à celle du premier habitat romain de Corte. Cette église, anciennement église paroissiale de Venaco, construite au IX siècle, est à trois nefs, avec abside semi-circulaire; le baptistère présente au contraire une structure à nef centrale carrée et trois petites absides sur les cotés. En proximité de l'église, on trouve les restes d'un *Palazzu* que l'on pense pouvoir identifier comme étant la résidence corse de Ugo Colonna, condottier papal de l'île au IX siècle.
Le long de la route pour Bastia, à un kilomètre environ de la ville se trouve une autre église romane à deux absides jumelées, dédiée à Sainte Marianne.
Corte est également le point de départ idéal de deux excursions d'un intérêt naturaliste exceptionnel le long des axes de la Restonica et du haut Tavignano, à travers les forêts homonymes, en direction de la haute montagne parsemée de

123

lacs alpins, derrière la grande ligne de partage, du Monte Rotondo (2622 m) à la Pointe Artica (2327 m).
Le territoire situé à l'Est de Corte, derrière la Castagniccia, s'appelle également

124. Altiani, chapelle de Saint Jean près du pont homonyme.

125. Altiani, chapelle de Saint Jean.

126. Tralonca, couvertures plates.

124

125

Bozio, du nom de l'ancienne paroisse à laquelle il était rattaché. On peut le visiter en descendant le long de la R.N. 200 qui parcourt la ligne directrice du Tavignano en direction d'Aléria.

— **Altiani**. Petit bourg juché sur un éperon rocheux, Aléria est le centre de l'exploitation traditionnelle du liège. Avant de quitter la R.N. 200 pour arriver au bourg, la route enjambe le Tavignano sur un des plus anciens ponts médiévaux gênois élargi sur les bords grâce à une intéressante série de petits arcs à console disposés le long des trois travées centrales. A l'extrémité septentrionale du pont se trouve, en bon état de conservation, la chapelle de Saint Jean. Les deux oeuvres font peut-être partie d'un système plus complexe de chemins muletiers tracés à l'ombre de la chaîne centrale de l'île et destinés à relier ses deux bords de mer opposés, évitant ainsi les côtes moins sûres. On peut également établir une relation entre le pont et le «chemin des moines» qui, suivant la ligne directrice des sommets, dans la partie haute du bassin du Consigliere, met en communication le couvent franciscain d'Altiani avec celui de **Zuani**, habitat appartenant à la commune de **Sant'Andrea di Bozio**.

Les murs, aussi bien de l'église que du pont, révèlent la superposition d'interventions successives, rendant particulièrement difficile une datation précise. La dénomination de Pont Laricio, selon la tradition locale, vient du fait qu'un énorme pin tombé dans les eaux du Tavignano, battant contre les piles du pont, menaçait de le démolir.

— **Erbajolo**. Dans les alentours de ce village se trouve, isolée sur les hauteurs, la

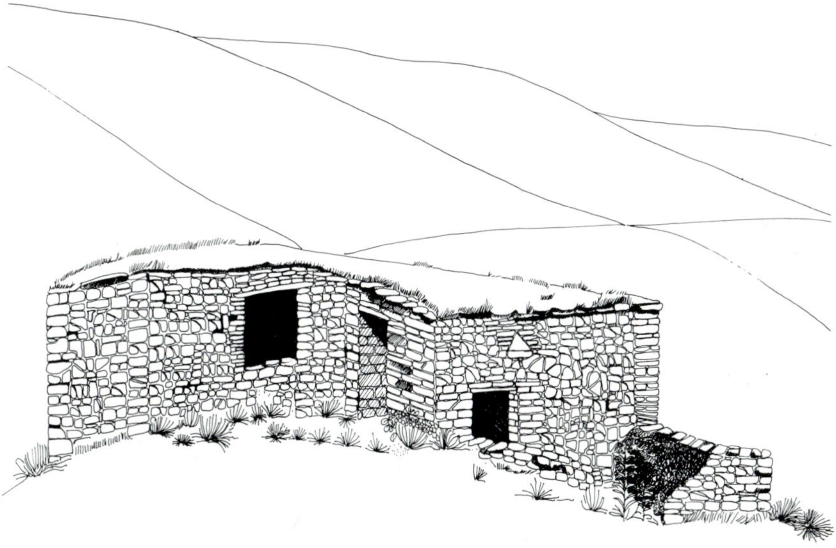

126

127. Niolo, abri de bergers.

127

chapelle de Saint Martin dont l'abside est peinte à fresque.

— **Favalello**. Son église paroissiale abrite d'importantes fresques du XV siècle.

— **Bustanico**. Dans l'église paroissiale, un Christ en bois du XVIII siècle, oeuvre ramarquable d'un artisan corse. En déviant sur la R.D. 15, on peut visiter vers **Cambia** la chapelle romane de Saint Quilico datant du XIII siècle dont les décorations ont une grande valeur. On peut voir aussi la chapelle de Sainte Marie datant de la même époque.

— **Sernano**. Village dans lequel survit la tradition du chant polyphonique de la *paghiella*. A quinze minutes à pied se trouve la chapelle de Saint Nicolaiu du VII siècle, actuellement en cours de restauration.

— **Traloncа**. Dans cette zone sont très fréquentes les constructions traditionnelles et uniques dont les toits plats sont utilisés pour la déssication des céréales. De retour à la Bocca de San Quilico, on quitte la région du Bozio pour reprendre la R.N. 193 en direction du «Nord» de l'île.

— **Omessa**. En suivant la R.D. 818, après un brêve déviation à droite, on arrive à Omessa. Son église paroissiale baroque de Saint André, caractérisée par un gracieux clocher, abrite des toiles de valeur de l'école italienne.
La chapelle de l'Annunziata située derrière la fontaine, à l'extrémité de la grande place communale, a été construite en 1596 par la famille des Omessa; à l'intérieur, on peut y voir une statue en marbre du XV siècle de l'école toscane. Vers **Francardo**, avant de continuer en direction de Ponte-Leccia, une déviation sur la gauche, R.F. 9, conduit aux impressionnantes Gorges de Scala Regina dans la partie haute du Bassin du Golo qui débouche sur la région pastorale du Niolo.
A l'extrémité occidentale de la vallée, le Col de Vergio permet de descendre sur la côte de la «Bande du dehors» vers le Golfe de Porto.

— **Castirla**. Vers le cimetière, peu avant d'arriver dans le village se trouve la chapelle préromane de Saint Michel qui abrite une fresque du XV siècle.

— **Calacuccia**. Ancienne capitale du Niolo, située aujourd'hui sur les rives du bassin artificiel homonyme, elle est le point de départ idéal pour des excursions dans les forêts et dans les montagnes qui l'entourent, comme le Mont Cinto (2710 m), sommet le plus élevé de l'île.
Dans l'église paroissiale des Saints Pierre et Paul se trouve un Christ en bois très expressif, de production artisanale.

— **Casamaccioli**. Tous les ans, le 8 Septembre, à l'occasion de la Nativité de la Vierge, on y célèbre la grande fête de la Sainte du Niolo, liée aux plus anciennes traditions pastorales de la vallée. La statue de la Sainte est portée en procession au cours de la spectaculaire cérémonie de la *Granitula*. Toute l'année, elle est conservée dans l'église paroissiale, ainsi qu'une image très vénérée et de grande valeur de Saint Rocco.

— **Albertacce**. Un petit musée archéologique expose des pièces remontant à une période comprise entre le néolithique et l'Age du fer.
De retour sur la R.N. 193, on poursuit l'itinéraire proposé en partant de Francardo pour se diriger en direction de Ponte Leccia.

— **Ponte Leccia**. Important noeud routier et ferroviaire situé le long des axes Bastia-Corte et Calvi, Ponte Leccia a connu de récents développements en matière d'urbanisme, de genre commercial et industriel. Elle peut être considérée comme un bon point d'appui pour deux visites, l'une dans la vallée de l'Asco à l'Ouest et l'autre en direction de Morosaglia à l'Est.

— **Morosaglia**. Village natal de Pascal Paoli, père de la nation corse dont la maison natale se trouve dans le hameau de Stretta. La vieille église paroissiale de Sainte Reparata, d'origine médiévale mais ayant subi de nombreux remaniements, se trouve à brêve distance du village.
Dans l'ancien couvent de Rostino, autrefois siège des consultes nationales corses se trouve aujourd'hui l'école du village. Vers le Col de Prato, la chapelle de Saint Petrucolo, ancienne cathédrale de l'évèque d'Accia, construite aux alentours du VII siècle.

128. Asco.
129. Vallée d'Asco, pont gênois.

128

129

Près du Col de Serna se trouvent les ruines de la chapelle préromane de Sainte Marie di Valle Rostino et la chapelle de Saint Thomas di Pastoreccia qui, malgré une restauration maladroite effectuée en 1930, garde encore d'importantes fresques du XV et du XVI siècle.

De retour à Ponte Leccia, l'itinéraire continue avec la visite de la vallée de l'Asco à travers les gorges homonymes (pont gênois) qui obstruent sa partie médiane.

— **Asco**. Un petit musée des traditions pastorales locales se trouve dans les locaux d'un hôtel: l'Auberge du Cinto.
Excursions conseillées dans les forêts de Carrozzica et dans le massif du Padro pour remonter jusqu'au Haut-Asco, station de sports d'hiver, en direction du massif du Cinto.
En suivant la R.N. 197, on arrive à la Bocca di San Colombano, vers les ruines du vieux château homonyme d'où l'on peut voir la mer et le port de l'Ile Rousse.
On arrive sur le territoire de la Balagne et ainsi commence le troisième et dernier itinéraire de visite suggéré.

III Itinéraire - De la Balagne à Ajaccio

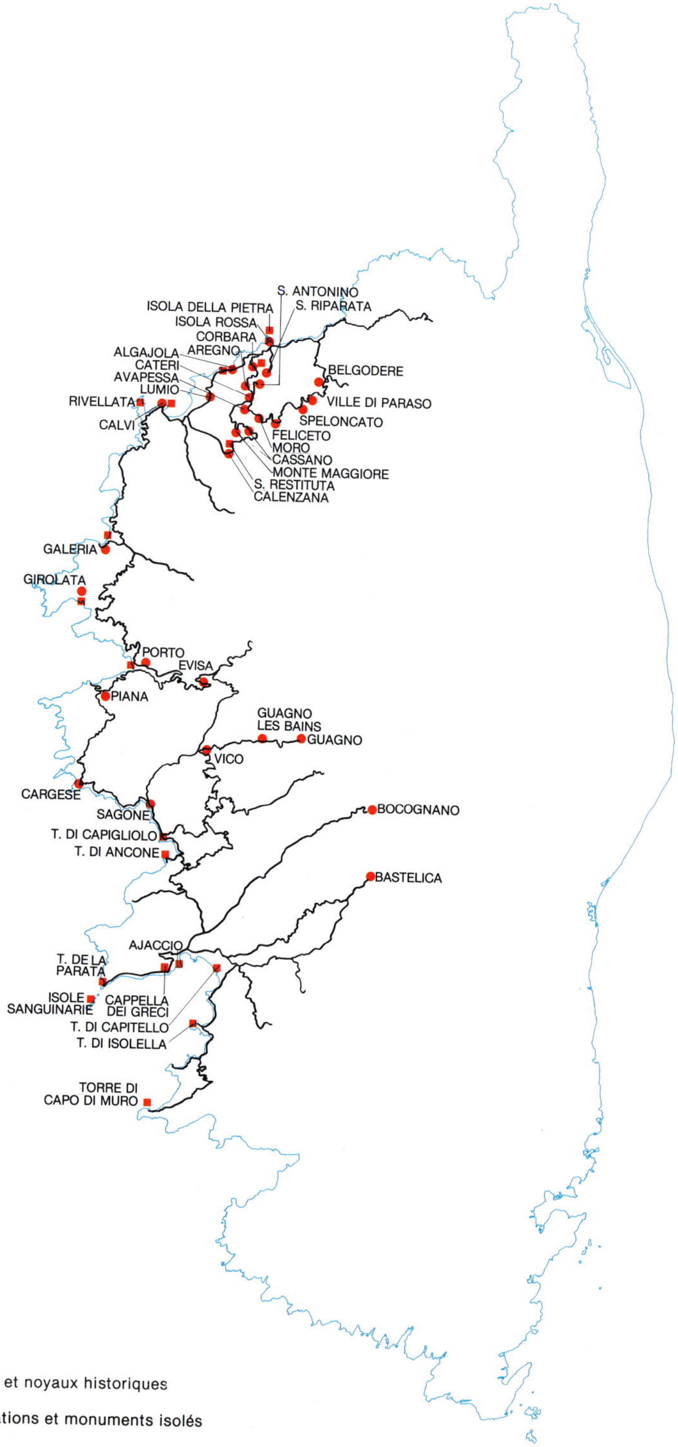

● centres et noyaux historiques

■ localisations et monuments isolés

130. Algajola, coté mer des murailles de la forteresse gênoise.

130

Trois paysages régionaux différents caractérisent ce dernier itinéraire qui prévoit la visite des territoires maritimes et internes situés entre la grande ligne de partage centrale et la zone côtière occidentale.
La R.N. 199 est la ligne directrice fondamentale du parcours qui commence à l'Ile-Rousse et s'achève dans le Golfe d'Ajaccio. De cette route se détache toute une série de déviations linéaires ou en anneaux qui permettent de visiter tous les villages disséminés sur le territoire de la Balagne, les vallées hautes et moyennes des régions de Porto et des Deux Sevi, et enfin du territoire maritime et montagneux qui entoure le Golfe d'Ajaccio.

III.1 - La Balagne

Caractérisée par un vaste réseau hydrographique qui s'élargit vers le littoral, la Balagne présente de nombreuses collines aux pentes douces, des petites plaines côtières séparées par des crêtes rocheuses courtes et basses qui s'enfoncent dans la mer entre îlots et rochers. Le territoire situé dans la partie plus au Nord de la côte occidentale se subdivise en trois zones distinctes. La zone Sud, appelée aussi «Balagne déserte» comprend les versants maritimes qui vont du Golfe de Girolata à Calvi et correspond au grand bassin solitaire du Fango dans la vallée du Filosorma qui finit sur la mer au Golfe de Galéria, lieu séculaire de la transhumance des régions orientales de l'Asco et du Niolo. La zone centrale, connue par le passé sous le nom de «Balania unta e fina» (Balagne grasse et fine), est au contraire dominée par un paysage agraire d'olivaies et de vignobles qui sont les plus riches de toute l'île et elle est parsemée de constructions d'origine médiévale qui couronnent les citadelles gênoises de Calvi et d'Algajola ainsi que le

131. L'Ile Rousse.
132. Algajola, ancienne boutique.

131

bourg maritime de l'Ile Rousse. Enfin, la «Haute Balagne» se situe aux limites des bois et des forêts avec des exploitations aujourd'hui totalement abandonnées, autrefois basées sur l'alternance de la culture du froment et des céréales et de la jachère. Le paysage est toujours dominé par les contreforts du massif du Cinto dont certains de ses sommets dépassent les 2000 mètres, enneigés pendant de nombreux mois, qui soulignent visuellement aussi bien l'unité régionale du territoire que sa relative séparation par rapport au reste de l'île. La force économique de sa structure agraire, témoignée par une exportation séculaire sur le continent, existe encore aujourd'hui, seulement pour le fromage. Cette force économique est due à des relations sociales et commerciales considérablement stratifiées et diversifiées.

Quant à l'itinéraire de visite, on conseille un parcours circulaire qui, partant de la région de Corte et passant par la Bocca di San Colombano, peut commencer a l'Ile-Rousse, poursuivre le long de la mer (R.N. 199) jusqu'à Calvi et revenir ensuite par l'intérieur à mi-côte, de Calenzana à Belgodere.

— **L'Ile-Rousse**. La fondation de la ville remontant à 1758 se doit à une initiative de Pascal Paoli qui, grâce à son port, avait l'intention de combattre sur le plan commercial la concurrence des citadelles gênoises voisines de Calvi et d'Algajola.
Jusqu'à cette date en effet, il n'existait pas d'autre construction que la tour cônique gênoise située sur une élévation des îlots de la Pietra. Son toponyme est lié à la couleur rouge ocre de ses rochers qui s'avançaient vers la mer, transformés ensuite en une péninsule par leur jonction artificielle à la terre ferme. L'aspect géométrique des rues correspond au schéma du projet urbain originel centré sur l'église paroissiale et en partie fortifié comme le démontrent les quelques murailles et les bastions qui existent encore aujourd'hui.

— **Santa Riparata di Balagna**. Village situé un peu à l'intérieur par rapport à la ligne directrice côtière. Son église paroissiale baroque conserve encore l'abside d'une précédente construction romane pisane.

— **Corbara**. Dominée par les ruines des anciens châteaux de Guido et de Corbara, elle garde dans son église paroissiale de 1750 un autel en marbres polychrômes de grande valeur et, dans la sacristie, des meubles en bois de 1684 et des panneaux du XV siècle.
En remontant vers Pigna, en proximité de la R.N. 844, on trouve le couvent franciscain de Corbara, fondé en 1456.

— **Algajola**. Fondée par le Comptoir de Saint Georges vers la moitié du XV siècle, cette petite forteresse, défendue à l'origine par une garnison de quelques hommes, administrait la justice et contrôlait tous les podestats des paroisses de la Balagne, attentive à percevoir régulièrement les impôts, sa principale source de revenus.
Aux premiers développements de la fin du XV siècle correspond également une adaptation des fortifications, comme on peut le déduire de l'importance qu'assume la garnison qui, en 1613, reçoit de riches et importants prisonniers de Bastia.
Dans les années 1621-1627, le port d'Algajola est le second de tous les ports corses d'origine gênoise, et ses mouvements, en ce qui concerne le commerce du vin, sont très proches de ceux d'Ajaccio.

132

133. Calvi, le bourg et la citadelle.
134. Calvi, des murs de la citadelle, le grand golfe s'ouvre dans le paysage du massif central de l'île.

133

134

135. Calvi, citadelle.
136. Algajola, portail de l'église paroissiale.

135

Gênes fait en sorte de l'entourer d'un puissant ensemble de fortifications et de murailles dont la construction s'achève aux alentours de 1664. Ces oeuvres sont particulièrement imposantes dans le secteur mer où deux grands bastions protègent la cale et la porte du bord de mer à l'extrémité Nord du «Carrugio dritto», la rue principale.

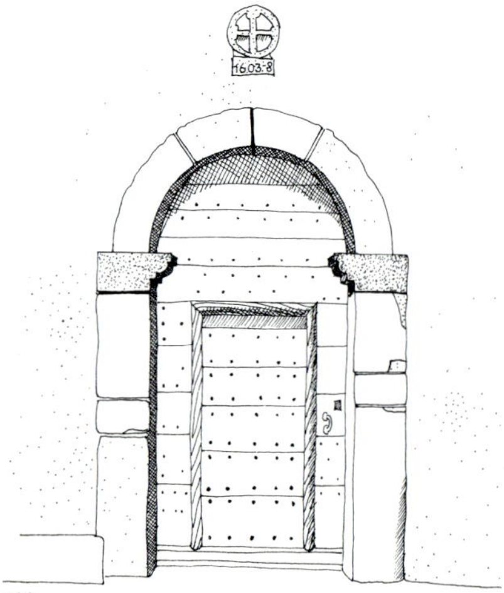

136

Au Sud, cette rue rejoint la «porte de terre» près de laquelle se trouvent le Palais Public, l'Oratoire de la Sainte Croix et l'église paroissiale dédiée à Saint Georges.
Les origines médiévales d'Algajola transparaissent dans l'architecture de ses maisons qui conservent plusieurs structures que l'on peut rattacher aux premières constructions du XV siècle.

— **Lumio**. L'église romane de Saint Pierre située près du cimetière a été en partie restructurée au XVIII siècle sans perdre toutefois, dans l'abside et sur la façade, les caractéristiques décoratives de la construction médiévale.

— **Calvi**. Les constructions situées à l'intérieur des murs de la citadelle occupent un éperon rocheux qui atteint en son point le plus élevé une hauteur de 62 mètres, dominant les deux anses opposées, délimitées par la Pointe de Rivellata et par la Pointe de Spano sur la côte Nord-occidentale de l'île. Cette péninsule est reliée à la terre ferme par un isthme d'environ 200 mètres de large dont le point le plus élevé se trouve à 20 mètres au-dessus du niveau de la mer.
Les fondations les plus anciennes remontent aux début de l'ère chrétienne et se situent dans l'actuelle «ville basse» en

137. Calvi, citadelle.

137

dehors des murailles, peut-être près des ruines encore existantes d'une grande basilique paléo-chrétienne à trois nefs d'un diocèse abandonné lors de la réorganisation des juridictions ecclésiastiques pisanes du XI au XIII siècle. Le bourg du «bord de mer» qui s'ouvre sur le port de Sainte Marie est toujours habité et se caractérise au XIII par une certaine croissance démographique soulignée par la construction en 1258 du couvent de Saint François.
Vers la moitié du XIII siècle, le golfe et les terres adjacentes passèrent sous le contrôle des Avogari de Nonza qui la peuplèrent d'hommes venus des territoires limitrophes. Quelques années plus tard, à la suite d'une rebellion des habitants, les Avogari sont contraints de renoncer à cette propriété tandis que la communauté locale se garantit contre d'éventuelles revendications territoriales des anciens habitants en proposant de se placer directement sous l'autorité de la République de Gênes. Le 16 Mai 1278, les autorités gênoises acceptent cette offre et concèdent en même temps aux habitants de Calvi des droits et des privilèges identiques à ceux de la population de Bonifacio.
A partir de la seconde moitié du XV siècle, une croissance du tissu urbain dans l'aire de la citadelle est confirmée par les travaux de l'église de Saint Jean en 1487 qui précèdent les plus grandes oeuvres fortifiées de la moitié du XVI siècle. Au cours des hostilités franco-turques contre les fortifications gênoises de la Corse, ces nouvelles murailles résistent avec difficulté aux bombardements. Elles sont en effet renforcées d'urgence en 1553 et en 1554. Pour sa résistance héroïque, la ville mérite le titre de «civitas semper fedelis» comme en témoigne l'inscription sur la seule porte des murailles cyclopéennes du XVI siècle.
Les habitations situées des deux cotés de la «Rue Droite» sont la partie la plus ancienne du tissu urbain de Calvi, agrandie et fortifiée au cours des premières années de son histoire gênoise. En effet, le quartier qui se trouve au bord de la mer possède en amont une longue muraille orientée au Nord-Ouest qui souligne les limites successives de son développement, conservées jusqu'à la moitié du XIX siècle. Au centre de ce tissu se trouve l'église «neuve» de Sainte Marie, construite en 1774 à la suite de l'abandon et de la destruction d'un premier édifice médiéval situé hors des murailles, dans les environs de la basilique paléo-chrétienne. L'abandon de l'église médiévale se produit au XIII siècle et coïncide avec la fondation du couvent franciscain déjà présent en 1258.
La construction de l'église de Saint Jean Baptiste, dans la seconde moitié du XIII siècle, indique le transfert progressif de la communauté gênoise dans le secteur du rocher où il existe probablement déjà une structure fortifiée dont les fonctions sont coordonnées aux murailles du bord de mer. Le renforcement de cette forteresse appelée aussi «vieux château» s'effectue au XIV et au XV siècle, en même temps que les premiers travaux d'enceinte du secteur habité du promontoire. En 1453, le Comptoir de Saint Georges décide de renforcer toutes les architectures militaires de la citadelle et commence en particulier la construction d'une nouvelle forteresse située au Sud-Ouest de l'église de Saint Jean, au bord de l'escarpement qui surplombe le bord de mer et le grand golfe de Calvi. Achevé en 1491, ce château a une base quadrilatérale et deux grandes tours circulaires aux sommets opposés Nord-Ouest et Sud-Est; agrandie et réhaussée par la suite, vers la moitié du XIII siècle, elle présente une série de structures dont la hauteur moyenne est de cinq étages qui se composent, selon un relevé de Stefano Scaniglia, de plus de soixante-dix pièces. A l'intérieur se trouvent le logement du gouverneur, ceux de la garnison, les entrepôts pour les vivres, les dépôts pour les munitions, la grande salle du podestat, les citernes et les caves.
L'Oratoire de la confraternité de Saint Antoine, datant lui aussi du XV siècle, conserve un beau portail gravé en ardoise noire.
Rue Colombo (à l'origine «Carrugio del filo») vers l'église de Saint Jean Baptiste, une plaque indique la naissance en 1441 de Christophe Colomb.
Au XVI siècle, la croissance démographique qui caractérise Calvi se traduit par un agrandissement de la partie haute de la ville. Les constructions situées au sommet du promotoire suivent un schéma à anneaux concentriques jusqu'à la limite des escarpements qui surplombent les rochers. En 1545 commence la construction des «nouvelles murailles» qui comprend l'édification de nouvelles structures et le renforcement de celles qui existent déjà. A la fin de ces travaux, dans la deuxième moitié du XVI siècle, l'aspect urbain et architectonique de la citadelle est totalement transformé. Une série d'imposants remparts, de courtines, de fossés et de demi-lunes entourent la «ville haute» qui, juchée sur de très hautes

138-139. Montemaggiore.

138

139

140. Saint Antonino.
141. Montemaggiore.
142-143. Saint Antonino.

140

141

142

murailles, semble imprenable. La seule porte du secteur occidental est protégée par deux grands orillons qui contrôlent des deux cotés l'accès au pont-levis.

Une courtine avec chemin couvert se détache en direction du bord de mer jusqu'à une grande tour ronde externe, la «tour du sel» destinée à défendre les

143

entrepôts et l'abord de Sainte Marie. Au cours de la deuxième moitié du XVIII siècle, au sommet du Monte Molello a été construit un fortin relié par une courtine à la vieille tour gênoise qui domine le Golfe de la Revellata et la Pointe de San Francesco.

— **Calenzana**. La collégiale baroque de Saint Biagio, construite entre le XVII et le XVIII siècle, est attribuée à l'architecte lombard Domenico Baina, auteur de la cathédrale de la Porta en Castagniccia. Calenzana est le point de départ ou d'arrivée du G.R. 20, itinéraire d'excursion de «Grande Randonnée» qui traverse toute l'île en suivant la ligne de partage centrale. En dehors du bourg, en direction de Borgo Maggiore, le long de la R.N. 844 se trouve l'église de Sainte Restituta, détruite au XIV siècle puis reconstruite et agrandie. Elle abrite le sarcophage en marbre de la Sainte, daté du IV siècle, et une série de fresques du XV siècle.

— **Cassano**. Un triptique de 1505 attribué à Simonis de Calvi est conservé dans l'église paroissiale de l'Annunziata.

— **Montemaggiore**. Son église baroque grandiose domine la basse vallée; vers le cimetière se trouve l'édifice roman de Saint Rainier du XII siècle qui appartient à l'ancienne paroisse de Pino.

— **Cateri**. A coté du village se trouve la petite église romane de Saint Cesario.

— **S. Antonino**. Bourg accroché en position dominante sur les vallées de Rapino et d'Algajola. Sa structure urbaine est semblable à celle d'une forteresse, probablement reliée aux propriétés féodales de la famille des Savelli, comtes de Balagne.

— **Aregno**. Près du cimetière, juste avant l'entrée du village se trouve l'église romane de la Trinité, du XII siècle, dont il faut noter les importantes décorations de la façade et la toiture d'origine de l'abside en «tegghi».

144. Cateri, Aregno.
145. Aregno.
146. Avapessa.

144

145

146

147. Feliceto.
148. Saint Antonino, portail.
149. Cassano.

147

Dans la nef étançonnée se trouvent des fresques du XV siècle.

— **Avapessa**. Dans ce village situé au milieu des olivaies se trouve une petite église baroque datée de 1618.

— **Moro**. L'intérieur de la grande église paroissiale offre un exemple intéressant du goût baroque corse avec une profusion de marbres polychrômes et de colonnes torses.

— **Feliceto**. L'église paroissiale baroque, isolée dans la partie basse du village, présente une décoration harmonieuse des façades et de l'architecture du clocher. Au bistrot Ambrosini, on peut voir

148

149

150/152. Speloncato.

150

151

153. Belgodere.

152

153

154. Saint Antonino.
155. Villa de Paraso.
156. Speloncato.

154

un ancien moulin à huile dont les mécanismes sont en pierre et en bois.

— **Speloncato**. Placé sur un éperon rocheux d'où la vue sur toute la Balagne interne et maritime est exceptionnelle, il semble que le village doive son nom à une grotte naturelle qui le traverse, passant d'une partie à l'autre de la crête.
Ses origines médiévales se lisent clairement dans les caractères de l'architecture des maisons et dans le tissu urbain serré comme celui d'une forteresse. L'église paroissiale, agrandie et refaite à plusieurs époques, présente un portail daté sur l'architrave de 1509.

— **Ville di Paraso**. Dans le village se trouve un intéressant édifice appelé *Palazzu*, probablement construit par des ouvriers italiens sur le modèle d'édifices du XVIII siècle analogues, que l'on trouve dans l'arrière-pays d'Imperia.

— **Belgodere**. Fief des Malaspina, marquis de Massa du XIII au XVII siècle, Belgodere attribue la construction de son église paroissiale de Saint Thomas au chef de la lignée Andrea, en 1269. L'église conserve une toile du XVI siècle qui représente une vierge, et un retable baroque en bois sculpté qui se trouve dans la chapelle de la confraternité de Saint Jean. Dans la partie la plus élevée du village on peut voir les ruines du fort médiéval qui dominent toute la vallée.
A Belgodere s'achève le circuit de la Balagne; pour poursuivre en direction de Porto, il est nécessaire de retourner à Calvi en suivant la R.N. 197 et la R.N. 199.

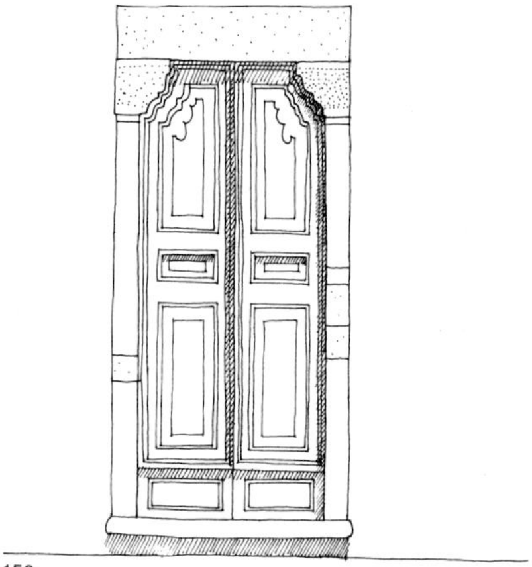

156

155

157

III.2 - Porto, la région des Deux Sevi et les hautes vallées occidentales

La chance touristique de Porto, partie maritime du Parc Régional, tient à l'exceptionnel site naturel de sa baie qui n'était autrefois qu'une modeste cale maritime du village d'Ota et une base armée solitaire du commerce gênois des «bois» en provenance des forêts d'Aitone. Tandis qu'incombent sur elle les parois granitiques rouges de Capo d'Orto, en contraste avec la solitude sereine de la vaste plage de sable protégée par le donjon gênois, aux alentours et tout au long de la côte se succèdent les décors les plus sauvages, caractérisés par des roches et des montagnes qui surplombent la mer. Dans la zone des Calanche, sur la route qui monte de Porto à Piana, le décor fantastique des roches granitiques rouges, cassé en tours, en pinacles et en plaques, compose des images extravagantes qui s'intègrent dans un décor singulier dans lequel contrastent les couleurs du maquis, celles des forêts de mélèze et de chêne-vert et le bleu profond de la mer.

Ici aussi, les territoires habités se trouvent à une hauteur moyenne où les pentes sont moins abruptes et les terres plus fertiles. Il s'agit de la juridiction des deux anciennes paroisses de Sevindentro et de Sevinfuori qui correspondent aux principaux centres historiques de Vico et d'Evisa. Le paysage est ici dominé par des bois de hêtre, des châtaigneraies séculaires vers les principaux centres habités et par les conifères sur les hauteurs, à proximité des crêtes et des parois dénudées de la haute montagne.

Seuls les Cols de Vizzanova et de Verde permettent de franchir la puissante barrière granitique du massif central,

158. Girolata.

159. Galéria, entrepôts et bases de la tour gênoise.

158

ouvrant les hautes vallées de la moyenne côte occidentale sur la région de Corte. Les principaux cours d'eau naissent dans les cirques rocheux à la beauté austère et descendent ensuite le long des lignes directrices hydrographiques profondément encaissées, comme dans le cas du Prunelli et du Cruzzini. Etant donnée l'aspérité du fond de la vallée, les villages se trouvent donc a mi-côte ou sur les différentes terrasses plates, entourés d'une agriculture en «bande» limitée à des potagers ou à de maigres champs de céréales généralement abandonnés. Aujourd'hui, malheureusement, la chute démographique générale a provoqué la disparition du glorieux artisanat du bois dont témoigne l'attention décorative des rares balcons domestiques encore existants; il ne reste qu'une partie de l'industrie du bois qui fournit du matériau pour la charpenterie aux chantiers du développement rédisentiel et touristique de la côte.

— **Galéria**. Dans la vallée du Fango qui descend du massif du Cinto vers le Golfe de Galéria se trouve une des principales lignes directrices de la transhumance insulaire. Les troupeaux du Niolo abandonnent en hiver les hauts pâturages de la montagne, descendent en bord de mer dans le Golfe de Galéria en suivant des itinéraires séculaires prouvés par l'existence des ponts gênois qui traversent le fleuve en plusieurs endroits.

Au XV siècle, contestant en partie cette tendance archaïque d'utilisation du sol,

159

160-161. Girolata.

160

162. Galéria, pont sur le fleuve Fango.

161

l'administration du Comptoir de Saint Georges donna en concession des terres destinées à l'exploitation agricole à des patriciens gênois regroupés en sociétés financières, en appliquant le même système d'adjudication des terres que dans les vallées de Liamone, d'Ostricone et de Figari. En 1542, les dimensions de cette concession qui ne comptait pas plus de douze colons semblent particulièrement modestes, surtout si l'on pense aux 350 colons de la colonie de Figari. L'intérêt de la concession, prouvé par la présence de la tour du XVII siècle qui fait probablement partie des obligations contractuelles successives, tend à diminuer progressivement; en effet, entre la fin du XVII et le début du XVIII, les habitants de Calvi refusèrent de payer les impôts destinés à l'entretien de sa garnison. Entre temps, les rancoeurs qui dès le début avaient opposé les nouveaux colons aux pasteurs du Niolo se firent plus aiguës et, en 1704, à l'occasion d'une nouvelle concession de Galéria au Gênois Luigi Sauli, les habitants du Niolo réagirent en saccageant les propriétés en question. Il s'agit là d'un premier symptôme de la révolution corse de 1730 qui vit les gens du Niolo, de Vico et de Corte à l'avant-garde dans la rébellion contre Gênes. En 1765, les tensions pour les pâturages se répè-

162

163. Porto.

163

tent, opposant cette fois les habitants de la communauté du Niolo à ceux de Calenzana.
A coté des ruines de la tour écimée qui dominent la grande plage du golfe homonyme, une série d'entrepôts plus récents, réalisés avec du matériel de récupération de la fortification, soulignent la continuité des intérêts maritimes de l'abord.

— **Girolata**. Ce petit village de pêcheurs auquel on ne peut arriver que par voie de mer ou après une longue marche d'environ une heure et demie en partant de la Bocca a Croce se trouve dans une baie solitaire au centre du golfe homonyme entre Punta Rossa et le Cap d'Osani qui fait aujourd'hui partie du Parc Naturel Régional de la Corse.
Son abord, autrefois régulièrement fréquenté par les bateaux des barbares au cours des innombrables incursions, fut fortifié par la construction d'une tour, sur l'initiative du Comptoir de Saint Georges, durant les premières années du XVI siècle. Un épisode significatif de cette singulière guerre corse que connurent au cours des siècles toutes les côtes occidentales de l'île concerne précisément la rade de Girolata où, le 15 Juin 1540, Giannettino Doria captura le terrible pirate Dragut.
Afin d'améliorer la sécurité des routes maritimes et de développer le commerce lié à la production rurale locale, on procède à la transformation de la première construction militaire qui devient une forteresse peut-être construite en englobant au centre les structures de la tour. L'architecture de la forteresse se compose d'une enceinte de murailles externes dont l'entrée du coté terre est protégée par deux bastions et reliée aux rochers abrupts situés vers la mer par une longue courtine de protection. A l'intérieur de la forteresse se trouve le château, formé par la fusion de deux corps à base

164. Porto.

164

carrée qui proviennent en partie de l'ancienne tour du XVI siècle. La construction la plus ancienne, comprenant corbeaux et mâchicoulis, présente des parements muraux verticaux et un accès surélevé protégé du dessus par un mâchicoulis qui rappelle en partie les structures semblables des tours de Nonza et de Furiani. La plus récente, adossée à celle-ci, s'achève par un talus très profond sur le coté Sud-Ouest qui coïncide avec le parement de l'enceinte interne. Du coté de l'entrée, on peut voir la petite nef rectangulaire de la chapelle militaire.

— **Porto**. Son territoire, considéré au Moyen Age comme faisant partie du Golfe de Sia, est probablement concerné, vers la moitié du XIII siècle, par les premières initiatives gênoises de colonisation rurale des côtes occidentales, au même titre que les territoires des baies voisines de Sagone et de Galéria. A partir de la deuxième moitié du XV siècle, l'administration du Comptoir de Saint Georges recueille l'hérédité de ces initiatives et établit, sur le promontoire qui sépare la grande plage au Sud du petit port au Nord, un point de repère de son système stratégique de fortifications destinées au contrôle de l'île.
Vers la moitié du XVI siècle, le Bureau du Comptoir de Saint Georges attribue à Domenico Giustiniani des terrains à cultiver dans la vallée, terrains qui sont en partie incultes et abandonnés, comme il les a lui même demandés. Le Comptoir lui concède également l'exclusivité de la pêche du corail dans tout le Golfe du Sia qui est considéré à l'époque comme étant l'une des zones les plus riches de l'île.
Au siècle suivant, l'exploitation du bois de la Forêt d'Aitone modifie en partie les structures de cet abord qui est peut-être préféré à un plus ancien embarcadère du Golfe de Sagone. A la même époque, un projet de route décrit les avantages économiques de cette liaison et indique les

165. Piana.
166. Evisa.

165

166

167. Cargèse, l'église latine.

difficultés de transport comme l'une des raisons principales de la non réussite des initiatives de la Superbe dans l'exploitation du bois provenant des forêts corses. La grande tour carrée située face à la mer sur l'éperon rocheux rappelle les rapports complexes avec Gênes. La «rive» et les différents entrepôts du XVII et du XVIII siècle en partie encore conservés offrent d'intéressants témoignages de ces rapports.
C'est dans un de ces entrepôts qu'a été récemment ouvert un musée des tours gênoises en Corse qui propose des relevés, des photographies et une série de documents sur les différentes constructions.
Pour visiter la région des Deux Sevi, on part de Porto pour remonter toute la vallée homonyme en direction du Col de Vergio jusqu'à **Evisa**, station climatique renommée, entourée des châtaigneraies séculaires, aux limites de la grande Forêt d'Aitone.

— **Vico**. Ce village est situé sur un petit haut-plateau près du Col de Saint Antoine qui unit la vallée du Sagone à celle du Liamone. Village appartenant aux possessions de la famille des Leca, célèbre pour avoir fait égorger en 1459 un gouverneur gênois membre de la famille Spinola, Vico se caractérise par un certain développement de l'habitat à partir de la deuxième moitié du XV siècle. La construction du couvent franciscain en 1481 sur une initiative de Gian Paolo Leca souligne cette croissance urbaine probablement favorisée par le développement des activités rurales et pastorales. Durant tout le XVI siècle, une partie de la juridiction gênoise d'Ajaccio se détache de celle-ci pour devenir en 1660 chef-lieu d'une nouvelle juridiction. Le Palais Public, siège du gouverneur gênois, est construit dans le bourg en cette même année.
Au XVII siècle, la forêt voisine d'Aitone fournit à l'arsenal de Gênes du bois qui est acheminé au Golfe de Sagone par une nouvelle route financée tout spécialement par la Chambre en 1660. Les ingénieurs gênois qui travaillent à ce projet sont Andrea Scaniglia et Giannino Dulcedo. Les premiers transports s'effectuent en 1666 grâce à des dizaines d'attelages de boeufs.
En 1676, des exilés grecs qui s'étaient enfuis des territoires occupés par les Turcs s'installent dans la juridiction de Vico, occupant des terres considérées propriété de l'état. L'opposition de ces nouveaux habitants à la communauté locale porte à de nombreux désordres qui se terminent en 1715 par de véritables luttes dont certains aspects anticipent la révolution corse.
A l'aube de la révolution, pendant la première moitié du XVIII siècle, le Palais Public de Vico est saccagé par les insurgés qui veulent s'emparer des armes afin de marcher contre les forteresses gênoises de la côte.
Dans la juridiction de Vico se trouve également la forteresse du XV siècle de la Zorlina, près de Soccia, position stratégique interne située dans la structure de défense de l'administration du Comptoir de Saint Georges.

— **Guagno les Bains**. Dans son *Dialogue nommé Corse*, Monseigneur Giustiniani,

167

168. Ajaccio, murailles de la citadelle.

168

évèque de Nebbio, éloge déjà au XVI siècle les propriétés thérapeutiques des eaux thermales chaudes, sulfureuses et iodiques de Guagno. Après une certaine période d'abandon, la station thermale a connu de nouveaux développements grâce à la construction du nouvel établissement sur la rive gauche du torrent.

— **Sagone**. Sur tout le territoire, on trouve fréquemment des références historiques à l'ancien diocèse homonyme et à la tradition féodale des seigneurs de Cinarca qui évoque les plus grands noms de la formation de la conscience nationale corse qui sont: Arrigo della Rocca, Vincentello d'Istria, Gian Paolo et Raffaele di Leca. De tous ces personnages, le plus connu est sans aucun doute Sinucello della Rocca, grand «Juge de Cinarca», mort presque centenaire à Gênes dans la prison de la Malapaga et considéré à l'unanimité comme le premier grand héros de la Corse.

Vers son ancien abord aujourd'hui transformé en port touristique se trouvent les ruines de la cathédrale construite au XII siècle sur la base d'un baptistère et d'une encore plus ancienne basilique paléochrétienne du IV ou du V siècle. Les premières constructions destinées à la défense du golfe patronnées par Gênes datent de la deuxième moitié du XVI siècle et sont le résultat d'une pétition envoyée par les populations de Sagone, de Paomia, de Revinda et de Salogna aux «douze Nobles» demandant la construction d'une tour sur la côte. En 1660, cet abord connaît une brève période d'activité maritime fébrile liée à l'exploitation du bois de la Forêt d'Aitone, envoyé par mer aux arsenaux de Gênes. C'est pour cette raison que de nombreux entrepôts sont construits à proximité de l'abord ainsi qu'une nouvelle tour triangulaire qui, avec la tour circulaire préexistente et les baraques en bois destinées à héberger les bûcherons, complète la défense du golfe. On pense ensuite doter la nouvelle tour d'une garnison de six hommes et d'un «bombardier» dont la fonction principale serait celle de prévenir d'éventuelles agressions par la mer. Les premières expéditions de «troncs» datent de 1667 et sont effectuées par les bateaux appelés «Signora del Carmine» de Silvestro Agostino di Canari et «Santissima Annunciata» de Guglielmo Corradino. Toutefois, le rendement de ce commerce reste très modeste à cause des énormes coûts du transport des troncs de la haute vallée à la mer. L'arsenal de Gênes, trouvant meilleur marché le bois envoyé des Flandres, cette activité est progressivement abandonnée. Au début du XVIII siècle, l'administration gênoise a désormais définitivement renoncé à l'exploitation de la Forêt d'Aitone.

— **Cargèse**. Le bourg, fondé en 1773 et destiné à recevoir la colonie grecque chassée par les Corses de son premier siège de la concession gênoise de Paomia, possède deux églises, la première de rite latin et la seconde grecque orthodoxe qui contient de belles icônes byzantines dont il faut noter celle de Saint Jean Baptiste ailé du XVI siècle, provenant du Mont Athos.

169

169. Ajaccio, portail de la maison Spinola-Giustiniani.

Sa population originaire provient de la ville de Vitylo dans le Péloponnèse et se transféra en Corse pour échapper à la domination turque durant la seconde moitié du XVII siècle.
Le coeur du territoire de la Cinarca donne sur le petit Golfe de la Liscia, dans la partie méridionale du Golfe de Sagone protégée par la tour de Capigliolo sur la pointe homonyme et par la tour d'Ancone sur la Pointe de Palmentoio. On peut en visiter les villages les plus importants en prenant sur la R.D. 101 la déviation sur la gauche. On traverse alors dans l'ordre suivant: **Calcatoggio, Sant'Andrea d'Orcino, Sari d'Orcino** et **Casaglione**.
De retour sur la R.N. 199, au niveau du Col de San Sebastiano, on quitte le Golfe de Sagone pour entrer dans le bassin du Gravone qui fait partie des territoires d'Ajaccio.

III.3 - Région d'Ajaccio

Les territoires situés autour du Golfe d'Ajaccio, assez semblables à ceux de la région de Sartène, se caractérisent par la présence du maquis méditerranéen avec des arbustes semper virens tels que le ciste, le lentisque, l'olivier sauvage et l'arbousier. Les essences originaires des aulnes et des chênes des alentours des zones urbaines, le long des routes principales ou des enclos cèdent souvent leur place à une végétation exotique d'importation: figuiers de Barbarie, agaves, palmiers et eucaliptus. Le paysage, à l'exception des grandes entreprises viticoles et vinicoles récemment installées, garde intact l'ancien caractère agropastoral. Les phénomènes de dépeuplement de la campagne sont ici moins évidents qu'ailleurs, peut-être grâce aux demandes du marché d'Ajaccio.

— **Ajaccio**. Son golfe, un des plus grands et des mieux protégés de la côte occidentale de l'île s'étend de la Pointe de la Parata au Capo di Muro et présente au centre une assez grande étendue de zones plates concentrées au confluent du Prunelli et du Gravone. Le secteur occidental du golfe, vers la péninsule de la citadelle, était occupé par un vieux château détruit au X siècle par les Sarrasins, dont il reste encore quelques ruines.
Les premières fondations gênoises remontent au XII siècle avec la construction du précédent noyau habité situé à deux kilomètres au Nord de la ville actuelle dans un endroit appelé encore aujourd'hui «les vignes de Saint Jean».

170. Ajaccio, murailles sur la mer de la citadelle.

170

Cet habitat est également lié à la colonisation rurale de Castel Lombardo construit, toujours dans la zone du golfe, sur une initiative de Gênes à partir de Mai 1272. Il s'agit d'une base appartenant à la plus grande série de structures fortifiées aux fins du lotissement agraire et de la colonisation rurale implantées au XII siècle sur les côtes occidentales de la Corse, qui comprennent également les centres de Figari, de Cauria, de Saparadonica et d'Arsica.
Une centaine de familles ligures provenant de la riviera et de Gênes contribuèrent au peuplement de la région d'Ajaccio, formant une première maille stratégique et défensive que le Comptoir de Saint Georges développa à partir de 1492 en fondant la ville entourée de murailles dans son emplacement actuel.
Située sur une péninsule naturelle qui s'étend en direction Sud-Est à coté d'une baie particulièrement bien protégée, la ville se développa rapidement, portant à saturation vers la moitié du XVI siècle l'espace situé à l'intérieur des murailles. A cette époque furent accomplis les grands travaux de restructuration de la citadelle commencés en 1553 par le maréchal Thermes pendant la brève occupation française et terminés à partir de 1559 par Gênes. A la fin du XVI et pendant tout le XVII, le bourg se développa «hors murailles» et dans la zone Nord.
En 1723, Ajaccio devient capitale du territoire «au delà des monts» où siège son gouverneur, par opposition au territoire «en deçà des monts» dont le chef-lieu est Bastia.
La différence de son schéma urbain par rapport à celui des autres centres importants consiste essentiellement en une nette séparation entre la zone de la citadelle, à l'extrémité de la péninsule, dont la fonction est exclusivement celle d'une forteresse et la ville entourée de murailles qui en occupe la partie centrale. Un long fossé arrivant parfois jusqu'en dessous

171. Golfe d'Ajaccio, tour de la Parata.

171

du niveau de la mer sépare les basses et puissantes murailles du fort des espaces libres situés devant les habitations les plus proches. Ses remparts, ses demi-lunes, ses orillons et ses meurtrières lui donnent tous les aspects d'une structure militaire tout à fait autonome, située comme sur une île, avec une artillerie pointée aussi bien en direction de la mer qu'en direction de la terre. On pénètre à l'intérieur de la forteresse par un pont en dur suivi d'un pont-levis qui enjambent le fossé au niveau de la Place Spinola dans le secteur Sud-Est des murailles urbaines. Près de l'entrée se trouvaient au XVIII siècle les appartements du commandant qui, presque au centre de la place d'armes, contrôlait les redoutes, les entrepôts, les batteries et les différents «quartiers» des soldats situés en proximité. Juste à coté de cette seule entrée, le grand bastion de Sainte Barbara est en alignement avec la Rue du roi de Rome autrefois Rue du Fosso ou encore Rue de la colletta, axe barycentrique de la ville. Au fond de cette rue, les murailles urbaines semblent reprendre le schéma planimétrique de celles de la citadelle avec, au centre, le grand rempart du Diamant, démoli pour construire la place homonyme, et, de chaque coté, les deux bastions mineurs. Le bastion Sud entoure l'ancien édifice du Séminaire (tribunal et préfecture) tandis que celui du Nord, le «rempart de l'horloge», correspond à la seule porte d'entrée en ville. Cette porte, située juste à coté de la maison de l'évèque, dans le carrugio dritto appelé aujourd'hui Rue Bonaparte, se trouve face à une grande enceinte destinée à la protection de l'abord où se trouvaient également, pendant la première moitié du XVIII siècle, les abattoirs de Saint Georges. L'agrandissement vers le Sud du tissu des constructions semble formé par une maille variée, partiellement convergente vers le grand rempart de Sainte Barbara. La Rue du Dôme qui va de la tour Saint Georges au Sud à la vieille ville au Nord, coupe en diagonale ce tissu et détermine la direction des rues mineures longitudinales.

172. Golfe d'Ajaccio, Iles Sanguinaires.

172

La cathédrale qui lui donne son nom, construite entre 1554 et 1593 en forme de croix grecque, occupe l'emplacement d'une précédente chapelle démolie, et confirme par sa date de fondation la contemporanéité des interventions de planification urbaine à l'intérieur de la citadelle et en ville. C'est autour d'elle que se forma le coeur religieux d'Ajaccio, prouvé par la construction successive d'oratoires, d'églises et de couvents dans une zone qui s'étend de la Place Spinola à l'ancien séminaire des «Chierici».
Parmi les monuments isolés qui présentent le plus d'intérêt, signalons l'église de Saint Erasme du XVII siècle; la cathédrale du XVI et le Musée Fesch qui abrite une très riche collection, en cours de préparation, de peintres italiens. La citadelle, encore occupée par des militaires, ne peut être visitée. A signaler aussi tous les souvenirs de la ville natale de Napoléon: la Maison Bonaparte; le Musée Napoléonnien et la chapelle impériale.

Le long de la ligne directrice maritime du golfe, en allant d'Ajaccio vers les Iles Sanguinaires, il faut visiter **la chapelle des Grecs** construite en 1632 par Atilia Pozzo di Borgo, ainsi nommée en souvenir de la colonie grecque de Paonia et **la tour de la Parata**, construite par les Gênois en 1608 pour défendre le golfe des incursions barbares.

Les **Iles Sanguinaires**. Reliées par voie de mer au port d'Ajaccio, elles sont formées par trois îlots rocheux. Dans l'île de «demi-mer» qui est aussi la plus grande des trois, se trouvent les ruines d'un ancien lazaret et d'une tour gênoise construite en 1550.

En suivant la R.D. 55, on longe toute la partie méridionale du Golfe d'Ajaccio, caractérisée par une succession continue de baies et de promontoires, jusqu'à la péninsule solitaire de Capo di Muro surmontée d'une tour qui porte le même nom qui, ainsi que les tours précédentes de Capitello de l'embouchure du Prunelli et de l'Isolella sur la Pointe de Sette Nave, complète le système de défense de la baie.

Dans l'arrière-pays, les deux lignes directrices du Gravone avec la station climatique de **Boccognano** située dans la haute vallée avant le Col de Vizzanova, et du Prunelli avec les villages de la commune de **Bastelica**, patrie de Sampiero Corso, permettent d'achever la visite de la région d'Ajaccio.

Suggestions bibliographiques

G. Bottiglioni, *Atlante linguistico e Etnologico della Corsica*, (10 volumi), Pisa, 1935-1942.

Y. Kolodny, *La géographie urbaine de la Corse*, ed. Sedes, Parigi, 1962.

G. Moracchini Mazel, *Les églises romanes de Corse*, Parigi, 1967.

G. Moracchini Mazel, *La Corse romane*, Parigi, 1972.

AA.VV., *Pieve et Paesi, communautés rurales Corses*, C.N.R.S., Marsiglia, 1978.

H. Raulin-G. Ravis Giordani, *L'architecture rurale de la France. Corse*, ed. Berger-Levrault, Parigi, 1978.

F. Pomponi, *Histoire de la Corse*, ed. Hachette, Parigi, 1979.

AA.VV., *Le memorial des Corses*, Aix en Provence, 1981.

AA.VV., *Corse*, in *Encyclopedies regionales*, ed. C. Bonneton, 1981.

S. Acquaviva, *La Corsica - storia di un genocidio*, ed. F. Angeli, Milano, 1982.

M. Fabbrikant, *Guide des Montagnes Corses*, ed. Didier & Richard, Grenoble, 1982.

P. Stringa, *La Corsica*, in *Genova e la Liguria nel Mediterraneo*, ed. Sagep, Genova, 1982.

Index des lieux

Les numéros en caractères gras indiquent les pages auxquelles le sujet est traité de façon plus détaillée.

Table des matières

Finito di stampare nel mese di maggio 1987
nell'Officina Grafica della Sagep S.p.A.
Editrice in Genova